世界はなぜ

被出征的世界

地獄

になるのか

炎上、正義魔人、
群眾狂熱、取消文化，
看「社會正義」
如何顛覆我們的世界！

橘玲——著
丁于文——譯

前言——從自由化衍生出來的問題，自由化本身無力解決

社會的價值觀，會隨著時代潮流轉變；然而我們本身的價值觀，卻未必能順應潮流，靈活轉換。

傑尼斯事務所創辦人強尼喜多川，此前培育出了一批批走紅的日本男性偶像明星。他有孌童之癖的事情，自一九六〇年代起，在演藝圈圈內人士之間已是公開的祕密。不過一直到一九八〇年代末期，某前偶像出版的爆料書竄上暢銷排行榜後，這件事才廣為人知。一九九〇年代末期，《週刊文春》刊載了一系列有關強尼喜多川孌童性騷的報導，傑尼斯事務所因此而提告。雖然《週刊文春》在一審時敗訴，不過東京高等法院認定：「關於性騷擾文章內容的重要部分，已有證據證明其屬實。」二〇〇四年，這場官司的判決在最高法院拍板定讞。

然而，日本幾乎沒有一家媒體報導這項判決，普遍的看法是：因為害怕來自傑尼斯事務所的壓力。雖然施壓一事確實也是有的吧，但在這種現象的背後，應該還有「反正都是一些藝人八卦」的群眾認知。

二〇二三年三月，英國ＢＢＣ播放了一部紀錄片「獵食者：日本流行音樂的祕密醜聞」（Predator The Secret Scandal of J-Pop）之後，整個事態才開始出現變化。同年

四月，一名隸屬過傑尼斯事務所的前藝人，在日本外國特派員協會召開記者會，證實自己從二〇一二年開始的四年間，曾遭受到強尼喜多川約十五次的性侵害。迫於「圈外壓力」，陷入窘境的事務所現任社長，才不得不以影片向公眾道歉。

喜多川事件的一連串發展經過，與撼動好萊塢的「#MeToo 運動」十分相似。好萊塢有多位女星聯合起來，具名控訴大牌導演哈維溫斯坦（Harvey Weinstein）性騷。此後，曾遭受過性騷、性侵的女性們，便接二連三地透過社群媒體發聲，#MeToo 從而演變為世界性的運動。

電影圈中的新人女星，與導演等握有權力之人發生性方面的關係，已是時有所聞的尋常事。人們之所以默認這項慣例，或許是因為把好萊塢視為一個特殊的世界吧。既然當事人出於自願而踏入那個異世界，就無法期待那裡會照著一般社會的常識行事，也因此必須被迫遵從那個異世界的規則。

倘若這只是權力與性的交換（亦即所謂的陪睡），此一潛規則或許還是會成立。然而，溫斯坦不僅逼迫女星提供性服務以換取角色分配，還有人爆料他甚至性侵女員工。受到大眾激烈撻伐的電影人溫斯坦，其社會性存在自然就此被取消（Cancel）——爾後，他因強姦等十一項罪行遭到逮捕起訴，並且被判處十六年監禁。

強尼喜多川無疑是個具有某種才華的人，不過令人困惑的是，他的才華似乎來自於孌童之癖。倘若這是發生在七〇或八〇年代的過去式，人們說不定只會把它當成「那種時代的事情」看待。但是，從上述前藝人開記者會的證詞中明白顯示，他在最高法院的判決定讞之後，仍然繼續性侵少年。

如果對方是個成年人，勉強還能用基於你情我願的情況來說明雙方的性關係；不過對方若是未成年，無論怎麼辯駁都不可能獲得諒解。現今這個時代，沒得到對方明確同意的性行為都是不被允許的，更何況是性侵無力拒絕的兒童或少年少女。在道德上，這已經足以視作匹敵殺人的重罪。縱使如此，對一個在日本演藝圈握有莫大權力的八十多歲老人而言，要他去察覺這種價值觀上的轉變，應該很困難吧！

社會發展若是愈自由化，異世界便會逐漸回歸至一般社會。「那個人是特別的」、「該圈子有別於一般」等藉口將不再適用。從這個意義來看的話，也許強尼喜多川活得太長了，結果導致留下來的人們，受困於名聲與既得權利的咒縛而動彈不得。

筆者把「自由」定義為一種「想活出自我」的價值觀。也許現代人已經把這種價值觀視為理所當然，然而在大部分的人類歷史中，諸如「自由生存」等觀念，根本是難以想像的。早期人們於出生之際，身分、職業、甚至是連結婚對象都能馬上確定下來的這種情況，在當時實屬普遍。人們得以追求「做自己」，是進入現代之後。但這也是等到第二次世界大戰結束，亦即「極度富裕和平時代」來臨的一九六〇年代末期才開始的。

這種（在人類歷史上）可謂奇異又不尋常的思想，與美國西海岸興起的嬉皮運動一起出現，並且連同「性、毒品、搖滾樂」，在眨眼間就席捲了全世界的年輕人。嬉皮運動的影響不僅持續到現代，還愈來愈茁壯，目前大概早已沒有人能夠否定「活出自我」了吧（甚至連右派與保守派也是）。「想活出自我」的這種價值觀，為何會把社會推向自由化，其原因可從自由的相互性說明。

「我」若要活出自我，就必須得保障「你」也具有相同的權利。否則作為一個人，我和你將不會是平等的。而會主張不在乎這一點的人，大概就只有奴隸制或身分制的擁護者。

如此一來，基於某些人別無選擇的「烙印」，例如：人種、民族、性取向等，而將某些人歧視為非我族類（少數族群）的作法，已變得令人們十分厭惡。同樣的自由要是我有你卻沒有，你便有索求自由的正當權利。早先已獲得自由的人（多數族群）亦負有道德責任，必須去支援少數族群爭取自由的運動。

倘若僅用一句話表述「社會正義」（Social Justice），筆者認為它會是一種社會運動，旨在「共同建構每個人都能活出自我的社會」。這毫無疑問的是一件美事，畢竟，沒有人會想生活在一個不允許活出自我的社會吧（例如北韓）。

至此，極為顯而易見的是，排除掉公開宣稱自己是「歧視主義者」的極少數人之後，應該幾乎沒有人會對想活出自我有異議。無論世界或日本，均處於這股自由化的洪流中。身處一個希望每個人都能夠「活出自我」的社會裡，要是有「無法活出自我」的族群存在，這將會是其他人心中的疙瘩。

光線愈強，陰影就愈深沉。雖然社會逐漸走向自由化是一件美事，但所有問題並不會因此獲得解決。廢除帶有歧視性的制度、保障人權、消滅許多不幸和不合理的事情等，自由化說不定可以做得到這些，然而從中卻也衍生出了新的問題。縱使這些問題，被大多數自稱為自由主義者的知識分子視若無睹（或說他們原本就沒意識到有問題），不過筆者認為，這些問題大致上能歸納成以下四個面向：

(1)自由化擴大不平等

多數行為遺傳學研究向來都顯示，隨著社會愈趨於自由，遺傳的影響就會愈強，男女的性別差距亦因而擴大。

只要稍微思考一下，便能理解這種情況實屬理所當然。在一個「能活出自我的社會」裡，任誰都能讓與生俱來的才能開花結果。可是在適應知識社會的能力上，個人差異卻相當大。其結果是，社會愈富裕公平，環境（例如育兒方面）帶來的影響就愈小，但來自於遺傳的影響卻也愈大。

自由化帶來的男女性別差距擴大，起因於男女性在先天上，對於喜歡與擅長的事物有（一定程度的）差異。雖然男女性的平均智力旗鼓相當，不過男性在邏輯與數學方面的智力較高，而女性則是在語言方面的智力較高。其結果是，在經濟已開發國家中的男女性，除了大學入學共同測驗的平均分數較高之外，從中還可看出男性在數學成績、女性在國語成績上各有擅長的傾向，亦即男女的性別差距呈現擴大狀態。

我們與生俱來就擁有不可勝數的遺傳多樣性，不僅性別差距，連個人層面的智商、個性、才能等，這些差異均會因為環境的自由富裕而放大。正因為自由社會中的每個人都能運用自己的才能，所以經濟不平等才會擴大。反之，如果置身於國民職業由獨裁者決定的專制國家，經濟不平等（部分特權階級除外）大概就會縮小吧。

(2)自由化導致社會更加複雜

在昔日近代社會裡，由於個人隸屬於家庭、村莊、同業公會等共同體，因此在社會的統治管理上，只要與幾位有力人士議定即可。然而在「能夠活出自我」的現代社會中，個人從這些中間共同體的束縛裡解放出來，每個人都可以掌握自身原有的利害關係。然而其結果將有可能是：難以援用舊有機制調整彼此之間的利害關係，導致政治方面產生運作成效不彰。

⑶自由化使我們變得孤獨

自由並非絕對的好，共同體的約束亦非絕對的不好。如果我們憑自由意志選擇了某項事物，自然得負起該選擇結果帶來的責任。反之，不是我們自己選擇的事物，就沒有必要承擔責任。共同體可以保護我們免於承受自我負責的重擔，可是在一個「能活出自我」的社會裡，這份「溫暖」大概已消失殆盡。

「我若是自由的話，你也同樣該是自由的。」其結果是，人與人之間的相處稍縱即逝，難以建立起長期關係。這種現象反映於結婚率和出生率的下降，無論在日本或在已開發國家皆是如此。

⑷自由化使「自我本質」（身分認同）產生衝突

為了「活出自我」，就必須找出「自我本質」，這是「身分認同」（Identity）亦即所謂「我是誰？」的定義。在這種情況下，多數族群因而能夠在個人事物上（工作或興趣等）「做自己」；少數族群則會強烈地意識到自己所屬的群體（例如人種、宗教、性別、性取向等），並將其作為身分認同。

發起運動謀求社會接納我們的身分認同，即是一種「身分認同政治（Identity Politics）」。然而，從運動中產生的排擠、摩擦和衝突，不僅會發生在多數與少數族群之間，也會發生在各個少數族群彼此當中。

那些自稱為自由主義者的人們，在很多基本認知上都有誤解。其中最大的誤解，也許是「可以透過帶有自由主義色彩的政策，消除不平等與生存困境」。這種認知之所以有誤，那正是因為自由化的關係，才造成不平等的擴大，導致社會更複雜，進而讓生存面臨困境。

儘管自由化正在擴大不平等，但如果那些人仍然抱持著一種牢不可破的信念：「應該可以透過帶有自由主義色彩的政策，消除不平等……」最後就只剩陰謀論一途，才能弭平這種現實與信念上的不一致（認知上的不協調）。部分基進自由主義者（一般稱為「The Left＝左派」或「（Progressive＝改革派」）的主張，與所謂匿名者Q（QAnon）的陰謀論：「世界有一個深層政府在暗中操控。」會如此詭異地相似，肇始於他們對這個世界的認知從根本上就已經有誤。

縱然我們正身處於「知識社會化」、「全球化」、「自由化」等人類歷史性的變遷中，然而並非所有人都能適應這種史無前例的狀況。其結果是，在以歐美為主的已開發國家裡掀起了嚴重的反彈。這些反彈是「反智主義」、「排外主義」、「右傾化」，亦即俗稱的民粹主義（Populism）。不過，民粹主義與自由主義並非為一敵對狀態，它是自由化的必然後果，是該後果的一部分——因此，無論自由主義勢力再怎麼與民粹主義（右傾化）爭戰，都無法戰勝它。

社會愈是自由化，愈是無法避免脫落者（Dropout）的與日俱增。最活生生、典型的例子，就是被自由戀愛市場剔除的年輕男性。日本方面，把這視為「受歡迎／不受歡迎」的問題；英語系國家方面，則自虐式地自稱作「INCEL」（Involuntary Celibate/非自願單身者）。當中的部分人士（極少數）還對社會懷有強烈恨意，甚至因此發生了類似隨機殺人的慘劇。諸如此類震驚社會的重大事件，近年來在日本也日益明顯。之所以會如此，可能是因為「被社會與性愛排除者」的參數變大之故吧。

以上部分內容，筆者先前曾在《上級國民／下級國民》、《無理ゲー社会（暫譯：破不了關的社會遊戲）》兩書中敘述過。本書是為兩本前作之續篇，內容探討的現象是：社會正義運動原本旨在實現「建構每個人都能活出自我的社會」，後來卻為何變態成取消文化這隻異形。究其原因，同樣是基於自由化的必然後果。

筆者將從昭告取消文化已降臨日本的象徵性事例，逐一展開敘述。

CONTENTS

PART1

PART2

PART3

會田誠的取消騷動

PART4

PART5

PART6

PART1
音樂人小山田圭吾霸凌炎上事件

日本音樂人小山田圭吾，以作曲家身分參與二〇二〇年東京奧運暨帕運開幕儀式音樂製作期間，被人揭發他過去接受雜誌專訪時，曾炫耀自己在學生時期的霸凌行為，以及嘲笑身心障礙者的無人性言論。二〇二一年七月十六日，小山田因此在個人的推特（現為X）上發表道歉聲明[1]。

由於這個時間點距離七月二十三日的開幕儀式已是迫在眉睫，加上小山田也表示自己有意繼續作曲工作，東奧組織委員會便接受了他的道歉。然而，除了在社群媒體上引起一片撻伐之外，身心障礙團體亦祭出嚴厲的批判聲明。七月十九日，小山田提出辭呈，開幕儀式的音樂製作隨之臨時陣前換人。

擔任公職等社會相關重要職務者，若因言論舉止違反倫理道德，而遭到大眾要求其下台（取消），在歐美這種運動稱為「取消文化」（Cancel Culture）。隨著智慧型手機和社群網站的普及，自二〇一〇年代中期起，取消文化就迅速蔓延開來。此次牽扯到東京奧運的一連串混亂裡，一般日本民眾也目睹了這股浪潮流入日本。關於該起事件的來龍去脈，專門研究法國文學與思想的評論家片岡大右，於著作《小山田圭吾的「霸凌」如何被後製）》中已經詳述過。所以接下來在講述相關事實上，筆者將盡量避免複述[2]；不過針對事實的解釋，部分將會與片岡不同。

為了行銷宣傳的專訪

小山田圭吾於一九六九年在東京出生，從小學到高中均在東京的和光學園就讀，這是一家以學生自治和「自由自發的學習活動」為教育理念的學校。他畢業之後，一方面就讀專科，一方面與中學時代的同學小澤健二等人自組 Flipper’s Guitar 樂團，爾後在日本泡沫經濟的全盛時期，一九八九年正式出道。

樂團成員剛開始有五個人，之後變成了小山田與小澤二人組。他們兩人以都會灑脫風格的流行樂曲，牽動後來名為「澀谷系」的音樂和時尚潮流。可是，他們卻在人氣最旺的一九九一年十月突然宣布解散，從此各自單飛發展。小山田方面則取名為 Cornelius，獨立活動。

小山田（Cornelius）在一九九四年二月發行單飛後的第一張個人專輯《THE FIRST QUESTION AWARD》時，音樂雜誌《ROCKIN’ON JAPAN》強力為他助攻。《ROCKIN’ON JAPAN》是涉谷陽一於一九七二年創立的西洋音樂雜誌《rockin’on》的姊妹誌。這本專為日本搖滾樂與流行樂打造的音樂雜誌，自一九八六年創刊以來，向來都以歌手的長篇專訪作為賣點（以下簡稱為《ROCKIN’ON J》）。

一九九四年一月號的雜誌特輯中，使用了「Cornelius 的血汗淚！」為標題，強力介紹專輯發行在即的小山田。有關特輯的導語，謄錄如下：

有技巧操作資訊，游刃有餘的小山田，然而終將不可原諒。

兩大顛覆常理的禁斷企畫仍強行問世。

①出道前生平全數告白

②潛入至今未曾開放的錄音現場採訪攝影

重新挖掘回憶，離經叛道的前言特集，獨家爆料！

雖然雜誌編輯部之後敘述了企畫的用意，但對於《ROCKIN'ON J》屢次報導Flipper's Guitar、小山田圭吾、小澤健二等人一事，某些讀者基於內容質疑：「為何獨厚那些『鋒頭人物』……」而對於讀者們的反應，編輯部（該雜誌現任總編輯山崎洋一郎，當時亦擔任總編輯兼訪問者）辯駁說：「小澤和Cornelius目前的創作，具有接軌時代的緊張感與包容力，十分值得本雜誌為此花費大篇幅報導。」

這篇經過二十七年後，引起一樁重大社會問題的專訪文章，原本是為了幫音樂人小山田圭吾打歌的行銷宣傳。

不過根據後來的瞭解，《ROCKIN'ON J》刊出的文章裡有個很大的問題。小山田在前述的道歉聲明中表示：「關於報導內容，由於當時出刊前我無法確認原稿，所以文章中記載的內容有多處與事實不符。」爾後，雜誌《週刊文春》的作者之一，紀實作家中原一步採訪了小山田，從該訪問的內容中可以清楚得知，這段話所指的對象就是《ROCKIN'ON J》[3]。

筆者接下來，將會先探討另一篇也讓小山田成為箭靶的雜誌報導，是《Quick Japan》第三號（一九九五年七月發行）的〈霸凌紀行第一回：來賓小山田圭吾之卷〉。

為何不先討論《ROCKIN'ON J》一九九四年刊登的報導呢？只要讀者按照順序往後閱讀，應該就會明白筆者的安排。

霸凌是一種娛樂嗎？

《Quick Japan》由赤田佑一在一九九四年創辦，是一本次文化雜誌（該雜誌編輯部的說法是「青少年文化雜誌」），同樣以長篇專訪作為賣點。

所謂〈霸凌紀行〉系列，是當時仍為小眾雜誌編輯與自由撰稿人的村上清，帶入該雜誌的企畫（村上後來進入發行《Quick Japan》的太田出版社擔任正職編輯）。企畫連載主題設定為：「霸凌者長大後成為何種人，被霸凌者後來如何克服霸凌陰影繼續生活」，據說原本也預定要集結成冊出版。

這個企畫的年代背景，是一連串霸凌自殺事件。在《Quick Japan》開始連載〈霸凌紀行〉的前一年，也就是一九九四年，日本全國總共發生多達九件的國高中生霸凌自殺事件。特別是那一年的十二月，愛知縣、福島縣、茨城縣等地，接連不斷有國中生自殺，對當時的日本社會造成相當大的衝擊。

於該背景下，村上在〈霸凌紀行〉中挑釁地寫道：「霸凌是一種娛樂嗎！？」一九八六年，就讀東京中野區一所公立國中二年級的男同學，留下一封遺書後自殺，遺書上寫著：「再這樣下去，我會活在『人間地獄』」。根據之後的報導，當時班上的幾名學生，決定對這位經常缺席遲到的男同學，開玩笑般地舉行追悼儀式（玩葬禮家家酒），然後把一張寫好「永別了！２Ａ全體同學暨其他參與者筆」的色紙放在他的課桌上，其他同學後來也跟著在色紙上留言。留言者當中除了有班導師之外，英語、音樂、理科等科任老師還一同參與，並分別寫了「哀戚」、「安息」等悼詞，之後媒體亦廣泛地報導這件事[4]。

村上除了把這場「葬禮家家酒」，評為「連細節都很有創意，感覺上就像一部灑狗血式的電影」，還提及自己以往遭受霸凌的親身體驗，內容如後：

我在這種灑狗血式的電影中，感受到一股輕而易舉就毀滅人道主義的快意。我讀小學時，曾被同學用圓規針尖插刺過後背；如今看來那也算是不錯的娛樂，有一種能獲得電影「最佳藝術指導獎」的感覺，反正霸凌永遠都不會消失。

去年十二月左右，報紙和電視新聞，報導了多起霸凌導致自殺的事件。電視上那幾個人稱「名嘴」、「主持人」的傢伙，盡說些「要加油」、「別走上絕路」等事不關己的廢話，我聽著只覺得謊話連篇，令人作嘔。

從這一小段內容中，可看出村上製作該企畫的用意，（毫無疑問地）原本就不贊同霸凌，而是針對「大眾媒體那種華而不實的人道主義」表示反彈，同時以前所未有的觀點討論霸凌。

為何接受訪問

在霸凌導致自殺一事上只會說漂亮話的媒體，令村上感到厭惡之外，他還從中回憶起了《ROCKIN'ON J》刊載過有關小山田的訪問，並且發想到一個企畫——讓「霸凌者」小山田與過去遭受他霸凌的學生對談。

不過當村上循著線索，去拜訪一位據說國中時期曾遭到小山田霸凌的人，對方卻表示：「自己只遭受過類似橡皮擦被藏起來的霸凌而已。」結果找不到人可以跟小山田對談。走投無路的村上，最後決定直接請教小山田本人「以前霸凌過誰」。

「這種（與被自己霸凌過的人）對談，以雜誌的內容而言，應該會很有趣，我自己也會看，但要我去聊的話，可就……（苦笑）。」小山田起初不太有意願，後來礙於村上的熱忱，便接受了訪問邀約。然而對談企畫命運坎坷，小山田提供的名單「澤田」和「村田」（均為假名），也就是過去曾遭到他霸凌的同學，兩人皆拒絕對談。「他都已經做到這樣了，如果無法寫成文章刊載……」同情村上的小山田，儘管已經進錄音室忙著錄製音樂，依然接受村上的第二次採訪。因此〈霸凌紀行〉的第一回，便改為獨家專訪小山田。這就是整個企畫的來龍去脈。

二〇〇六年，有匿名部落格以〈關於小山田圭吾的人類研究〉（小山田圭吾における人間の研究）為題撰文，詳細介紹了《Quick Japan》村上的訪問。此後，網路和社群媒體就不斷地提及小山田的霸凌[5]。這件事除了在粉絲專用留言板上頻繁地掀起批評聲浪，據說當時由小山田負責音樂的ＮＨＫ教育頻道節目，也曾在二〇一一年與二〇一七年收過觀眾的投訴。此事在東奧籌備期間演變為社會問題時，刊載訪問小山田內容的《ROCKIN'ON J》與《Quick Japan》兩雜誌該期皆嚴重缺貨。一般認為，當初大眾對小山田的批評基礎，絕大部分都來自該匿名部落格。

教室裡出現了小百加機器人

「澤田」是小山田提供對談名單裡的其中一位，他在小學時轉學到和光學園。澤田剛轉入新學校的第一天，就製造了「事件」。據說，他不但在走廊上脫下內、外褲並棄置在走廊上，還在廁所門沒關的狀態裸著下半身上大號[6]。

「所以你看這像什麼？這根本就像「小露寶」中的「小百加」機器人，轉學到我們班嘛！（笑）。話說大家呀，果然還是不習慣這種事，所以一定會驚訝到爆的，不是嗎？然後他的名字瞬間就傳遍全校，大家都說來了個怪胎（笑），某種意義上，他也算是大明星了！」

《加油啊！！小露寶》（がんばれ！！ロボコン）是一九七四年至一九七七年播放的日本兒童電視節目，原作者是漫畫家石森章太郎，故事描述機器人與人類共存的世界。故事中的小百加（ロボパー）是一隻會「四分五裂」的機器人，「當小百加的精神受到打擊時，它就會脫口說出『好震驚呼～』這句經典台詞，接著身體開始崩解，然後再次恢復原樣。」

我們在思考這一連串騷動時還有個重點，那就是小山田從小學讀到高中的和光學園，跟一般人所就讀的，那種很自然就會浮現在人們腦海中的公私立學校非常不同。一九七〇年代當時（現今也是），發展或學習上有障礙的學生，會去稱為「特殊學校」（爾後改名為「特別支援學校」）的設施中接受教育。不過，可能因為這些「身心障礙兒」的父母親裡，有些人希望自己的孩子能夠和普通班的學生一同學習。和光學園似乎就是為了回應這些父母親的希望，而積極地接納在發展和學習上有障礙的孩子入學。

澤田的考試成績雖然不好，但他或許就是現在所謂的「高功能自閉症」（HFA）兒童。例如：澤田會使用「一般人絕對念不出來的字」寫文章；能記住所有學校名單；除了整個學年的學生姓名，連學生家長的名字、住址、電話號碼、該學生是否有兄弟姊妹在同校其他班級就讀等，他都能立刻回答出來。

針對當時的和光學園，小山田回憶道：「……其他的話，就是看起來應該要待在特教班的學生，也會來我們普通班。因為我們是私立學校，所以不太一樣。」突然間要和有身心障礙的同學一起上課，該怎麼對待那位同學才好，小學階段的學生是不可能知道的。結果對當時的小山田而言，就像教室裡冷不防地出現了一隻小百加機器人，帶給他強烈的感受。

被蓄意編造的談話內容

小山田在受訪時，曾談到就讀高中期間發生過的事。這些事後來被匿名部落格轉貼，致使小山田受到強烈抨擊。該談話的部分內容如下：

「（澤田）要是穿運動服，大家都會把他的衣服脫光。反正對這傢伙來說，露雞雞並不是什麼大不了的事，便讓他露著雞雞在那邊晃來晃去。而且啊，這傢伙的雞雞很大，讀小學時就是這樣，上了高中之後，那條的尺寸更是雄偉（笑）。女生們一看到不是都會哇哇叫嗎？所以大家才會故意把他脫光，然後要他去走廊之類的地方晃。」

如果光讀這一段話，只會令人覺得小山田把霸凌行為當作一種取樂。不過，要是也同時讀下面這段被匿名部落格省略的內容的話，對小山田的整個印象或許會大大地改觀吧。

「不過，就我個人而言，當時已經算是澤田的粉絲了，因為我覺得：『那種事我根本做不來～』。說笑歸說笑，但我也許有點羨慕他，能做到那種程度，大抵可說是個奇葩吧？還是因為他是外來的傢伙。」

從這段談話中可知，上了國高中之後，針對身心障礙學生進行霸凌的人，主要是（透過國、高中入學考進入學園的）「外部生」，像小山田這種從小學直升上來的「內部生」，只是受到外部生所作所為的吸引。由於從小學開始就與澤田相處，所以大概早已習慣他「別樣」的行為舉止吧。

談話裡的另一個場景也是。國三畢業旅行中，大家正在客房裡對班上的「村田」同學，施展職業摔角岩石落下技（Back Drop）玩鬧時，留級的學長進來了。學長「用晾衣繩團團綑綁」村田，逼問他「你到底喜歡誰」並「強迫他自慰」。這一段內容，是大家認為小山田把霸凌行為當作一種取樂，並且強力撻伐之處。

其原因就是因為在匿名部落格的那篇文章中，被刪除掉了後續的一句話：「那種事，真的很過分。」。一添上這道加工，學生之間幼稚愚蠢的過分摔角遊戲，加劇演變成了人們口中行為失當的可怕霸凌。大家對此事的印象，亦因此完全不同。

匿名部落格的那篇文章，在小山田遭到取消一事上造成了重大影響。該文並無中立性地引用、介紹《Quick Japan》的訪問，而是蓄意編造，似乎有意要片面地把小山田描述成「霸凌加害者」。最初指出這一點的是，當時擔任《Quick Japan》的編輯、現任出版社代表的北尾修一。此外，片岡大右在著作《小山田圭吾的「霸凌」如何被後製》裡，也同樣指出了這一點。

之前有過非友情的交流

霸凌導致自殺事件接連不斷，已成為一項重大社會問題。在這樣的背景下，倘若以「霸凌加害者」的身分登上雜誌版面，還發表疑似認同霸凌行為的談話，此人的下場會變得如何，大家應該都很清楚。然而解散單飛才第一年，第二張唱片仍在製作中的音樂人小山田，卻為何要接受風險這麼高的訪問企畫呢？

事實上這次的訪問並非如坊間所指，是小山田在炫耀自己的霸凌行為。訪問內容中談的是，有違平時的在校體驗以及殘酷的世界——對仍是小學生的小山田來說，澤田就像一個「外星人」突然出現在班上；以及一樁發生在身心障礙學生身上的霸凌慘劇（霸凌者主要是外部生）。他之所以會一邊「笑著」一邊談論這件事，可能是因為嚴肅的語氣會使話題感覺過於沉重吧。

當時和光學園的每個班級裡，似乎都安排了幾位身心障礙學生。在這種情況下，小山田與澤田之所以會變得比較親近，是因為兩人進到高中時又再次同班，並且因為學號的關係座位總是相鄰。由於澤田在班上沒有任何朋友，所以小山田便開始與他說話。不過，他們倆當時似乎是這樣的關係：「要說我們交情不錯，我覺得也還好（笑）。可是呀，因為我算是他的粉絲，所以就開始問東問西的。」

訪問中小山田也提過，澤田有習慣性鼻塞，袖珍包面紙總是很快就用完。所以他曾經去學校合作社買盒裝面紙，用塑膠繩綁著盒子以便能吊掛在脖子上，並在盒子上寫好「澤田」的名字當作禮物送給他。

這種互動當然並非一般定義的「友情」。但在幾乎所有學生都會避開身心障礙學生或把他們當作霸凌對象的情況下，小山田與澤田之間也算是有某種「交流」。

此次訪問過後，時任自由撰稿人的村上曾去澤田家拜訪，對澤田的母親表示，小山田想與其兒子見面對談，當時約二十五歲左右的澤田也在場。不過據說澤田僅在每週會有兩天，去住家附近保健所的才藝教室上書法和捏陶課，不太能參與社交性質的活動。

「您和小山田先生，在學校時交情還不錯吧？」對於村上提出的問題，澤田只回了一聲「嗯」而已，之後便保持沉默。過了幾天之後，澤田的母親聯絡村上表示「謝絕對談」。

聽了整個經過之後的小山田，脫口說出「心情好沉重，真受傷」之後，聊起了關於澤田的回憶：

「我以前是他（澤田）的粉絲。說自己是粉絲，好像有點過頭，可是要怎麼說才好呢？反正我就是會去注意他。讀國小和國中的時候，我對他的認知，只是總感覺『這個傢伙果然很奇怪』而已，因此才會對他做些有的沒有的。大概在上了高中之後，心想：『啥，這傢伙都這個樣子嗎？』於是改變了原本的想法。所以說，我問他問題的方式，雖然還不至於到無所顧忌，但依舊很好奇諸如此類的事情：『你說說看，笨蛋的世界，是個什麼樣的世界啊？』我感覺上，就是想多知道一些關於那個世界的事。話說回來，就算我東問西問的，可似乎也沒得到什麼像樣的答案。」

村上接著問小山田：如果你在街上遇到澤田，會跟他打招呼嗎？小山田回答道：

「這個嘛……我是很想再跟澤田好好地聊聊，但我覺得結果仍然會跟以前一樣吧。因為我不會打破砂鍋問到底：『最後到底是怎樣啦？』。更何況問了也未必能得到『其實啊……』的答案。而且聽到他說這一句，我也會尷尬呀（笑）。不過我一直都還是很期待答案的，期待聽到他說那一句『其實啊……』，特別是有關他個人的事。」

繼以上談話內容之後，該回〈霸凌紀行〉特輯內容的最後一整頁，刊載了一張照片，是澤田寄給小山田的賀年卡（這張賀年卡照片在雜誌曝光後，引來了「公開羞辱身心障礙者」的強烈批判）。賀年卡上寫著「昭和五十六年元旦」（一九八一年一月一日），根據時間應該是兩人讀小學六年級時的舊物。在那之後，小山田始終保留著沒有丟棄。

寫在賀年卡上的文字如後：

新年快樂。
謝謝你的信。
第三學期也一起加油吧！

「全裸團團綑綁逼吃大便」

《Quick Japan》的企畫〈霸凌紀行〉裡的訪問內容，當初遭匿名部落格斷章取義節錄成文。後來一般大眾基於該文章，認為小山田在訪問中炫耀自己霸凌別人的英勇事蹟。不過，當原始訪問內容全數公開後，也有人提出這樣的看法：這不過是一段舊事罷了，就是小山田與有身心障礙的老同學兩人之間的「曲折友情」，不是嗎？

縱使如此，輿論並沒有停止抨擊小山田，因為人們覺得他在《ROCKIN'ON J》裡的談話問題很大，筆者參閱了原文之後也難以苟同。「全裸團團綑綁逼吃大便，又使出岩石落下技……真的很抱歉！」這條小標題帶出的內容就是問題之處，小山田當年的敘述如後文（訪問者是山崎洋一郎總編輯[7]）：

「還有就是，我們當時真的把對方霸凌得很慘呢！」

●可是，這不就是在說你當時有去霸凌對方嗎？

「嗯，是有霸凌他。如今回想起來，實在做得太超過了。所以藉著這個機會，讓我在這裡道歉一下（笑），因為真的是做過頭了啦！」

●所以還是做了不該做的事。

「嗯，已經算是違反人道的事。因為我們真的有脫光他，用繩子團團綑起來，逼他自慰還逼他吃大便。除了吃大便，又對他使出岩石落下技。」

●（大笑）唉呀，前些日子我聽人瞎扯一些青蛙屍體之類的事，現在想想：「該不會就是這樣吧？」

「不過啊，直接對他做這些事的人不是我，我只是出主意而已（笑）。」

●意思是說，你提供建議然後在旁邊觀看，只享受出冷汗的興奮快感嗎？（笑）

「對，就是那樣！『這麼做的話，會不會很好玩？』之類的（笑）。」

●就類似邊看還邊心跳加速，是那樣嗎？

「是的，沒錯（笑）。」

●你可真是壞透了吶！

「嗯～現在想想，當時真的做得太過火了。」

如前所述，這次的訪問，是小山田單飛後首張專輯強力宣傳企畫的一部分。也就是說編輯部原本認為，讀者應該會對這種霸凌話題感到興趣，而且至少不會給小山田帶來負評。

但若要說當時（一九九四年）的價值觀與現在有所不同，那也已經算是極限了。因為前一年（一九九三年一月）才剛在山形縣新庄市的一所公立國中，發生了國一生被人捲在運動墊子裡，結果窒息死在學校體育用品室的事件。經調查後，認定平時會霸凌該位死亡學生的七名同學，被警方依傷害致死罪分別逮捕與輔導矯正，其中四人判定有罪並送往少年矯正學校（少年院）。此外，一九九三年，這一年之間就發生了六起霸凌自殺案件（國中五件、高中一件）。根據當時的環境氛圍，應該不會允許拿霸凌來當作訪問說笑的梗。

倘若當時氛圍如此，原本目的是要拉抬該名音樂人的音樂雜誌，卻為何要將這類的訪問刊登在雜誌特輯上，其原因是什麼呢？

無責任感的年輕人代表

小山田和小澤健二組成的樂團 Flipper's Guitar 是在一九九一年十月解散，然而他們全國巡迴演唱會的門票，卻早在那之前就已經完售。因開唱在即才臨時喊停的兩個人，引來無數批評。由於當時讀賣新聞專欄刊載的一篇文章〈Flipper's Guitar 解散行為毫無專業精神可言〉，與後來《ROCKIN'ON J》的訪問有關，所以筆者將全文謄錄如後[8]（雖然小山田在訪問中表示：「我這個無責任感的年輕人，真的被朝日新聞惹毛了！」但這是他記錯報社名稱了）。

流行樂雙人組 Flipper's Guitar 在全國巡迴演唱會前夕突然解散。雖然門票費用已退還給歌迷，但身為音樂人，該行為毫無責任感。

Flipper's 的兩名成員是二十歲出頭的男性，讀國中時是同學，兩年前出道並且發行了三張專輯。他們以汲取自新純聲派（Neo Acoustic）的洗鍊流行樂曲，而擁有一票狂熱粉絲。

此次的演唱會原定於十九日起開唱，預計巡迴五座城市共演出八場，門票一開賣隨即告罄。據說，許多人原本很期待這次的首回正式巡演。

若綜合兩人所屬的 Polystar 唱片公司等各方說法，此次出乎意料的解散似乎起因於「兩人不睦」。較為篤定的看法是，雙方在「感情上的摩擦」大於音樂上的對立。

關於這兩位年輕人的態度方面，從以前就有傳出負面批評。某位圈內人士回顧：「他們給人的感覺是喜歡音樂，但出名只是巧合。所以才會缺乏專業音樂人的自覺，太過於我行我素。」

兩人在音樂方面確實有才華，但很可惜的，他們身上是不是有最近年輕人常見的自大和向社會討拍的心態呢？（昭）

歸結以上內容，專欄作者或許是指小山田和小澤過去所做的音樂，僅是一種「任性都會年輕男孩（公子哥）的玩樂」。要是他們有意以專業的態度從事音樂工作，那麼就得「更像個大人才對」。雖然小山田在《ROCKIN'ON J》的訪問裡曾反覆提到：「我非常討厭看到別人那種想飛黃騰達的心態」、「然後也十分厭惡聽到別人對我說『加油！』（笑）」。如果把他的這些言論，設想為對「人情世故（大人的表面功夫）」的反彈，就不難理解了。

東奧事件之後，《週刊文春》作者之一的中原一步採訪了小山田。訪問當中，小山田說明自己會接受《Quick Japan》對談企畫的原因：「我想改變套在我身上的定位形象，才會刻意地去談一些比較有風險或耍壞的話題」、「當初我有點被歸類為偶像，或可說是歸在輕流行樂風。雖然這樣在作法上是極其膚淺的，但我想藉此改變自己的人設，更偏向非主流化。」[9]

縱使小山田（小澤亦然）當時很有自信，認為自己的音樂走在時代尖端。但結果不僅被當作偶像，還遭批評為「玩樂」。是不是正因為如此，他才會在《ROCKIN'ON J》的訪問裡刻意耍壞，並接受撰稿人村上清在《Quick Japan》的企畫呢（村上打算在霸凌話題上顛覆社會常理）？

圍繞著「事實」的問題

關於《ROCKIN'ON J》的訪問，小山田在道歉聲明裡表示：「由於當時出刊前我無法確認原稿，所以文章中記載的內容有多處與事實不符。」《週刊文春》作者中原在訪問小山田時，亦針對「全裸綑綁，逼對方自慰和吃大便」之處，跟他確認了文章內容。小山田除了表示：「遭到大肆散播的就是這個部分，不過那並非事實。」同時還做了以下說明。

「自慰行為的話，是國中畢業旅行時發生的事。當下的情形是，我與班上一名留級的高年級同學睡同一間房，就在我和幾位同學玩摔角的時候，那位高年級同學進來房間了。他把其中一位同學脫光，不但用繩子綑綁對方，還逼對方自慰。雖然他的行為很過分，可是出於害怕，沒人敢上前阻止，因此只能袖手旁觀。」

——那「逼對方吃大便」是怎麼一回事？

「吃大便是另外一件事了。我當時在訪問中說的是，讀小學的時候，有個同學不管什麼東西掉到地上，他都會撿起來吃，像是枯葉啦、螞蟻等等。有一天放學回家，他還吃了小狗大在路邊的大便，然後再「呸」地吐掉。大家看到他這樣，都笑成一團。」

——所以意思是，你並沒有出手去霸凌別人？

「我並沒有強迫別人或逼對方做什麼事。」

——那你實際做過什麼霸凌行為嗎？

「事實上，我曾經把一個同學關在掃具收納櫃中，然後踢倒櫃子。另外在讀小學的時候，我也曾把一位有心智障礙的同學趕進紙箱裡，再對他拍板擦，將粉筆灰撒在他身上。我後來真的覺得，自己做了很對不起人家的事。」

若依照小山田的這段說明，他應該受到指責的「霸凌行為」只有兩件：第一件是他讀小學五、六年級時，在太鼓社惡作劇把澤田趕進紙箱裡。第二件是他讀國中時，把村田關進掃具收納櫃中，讓櫃門朝下翻倒櫃子，使對方無法出來。對於一個已經五十多歲的音樂人來說，上述的這些事就足以構成抹滅（取消）他在這個社會上生存的「罪責」嗎？然而要是有人主張「他一定還幹過別的霸凌行為」，當然就得拿出證據來證明。

「身心障礙」為何消失了

《ROCKIN'ON J》為什麼要在刊出的訪問文章裡，把小山田的「霸凌行為」寫得像英勇事蹟呢？對此，片岡大右推測，這可能是該雜誌總編輯山崎洋一郎搞的「造神」。片岡大右的看法是，山崎對小山田的音樂評價極高，他出於「善意與遠見」，把小山田從「時尚系」拯救出來，「反正最後還是塑造了一種『懦弱』，卻擁有無比才華的壞小子形象，即便他看起來像個霸凌者。[10]」

筆者認為片岡大右指出的這一點確實是「卓見」，不過《ROCKIN'ON J》刊出的文章裡還有個很大的問題，雖然該問題幾乎沒有被提出。但只要有閱讀過《Quick Japan》訪問內容的人，就能看出小山田從頭到尾都在談論他不尋常的體驗；亦即普通學生和有身心障礙的學生，一起被安排在學校這座封閉的空間中。小山田讀小學和國中時分別霸凌過的澤田和村田，兩人同樣都患有重度的發展和學習障礙。

然而《ROCKIN'ON J》的訪問文章裡，對於「身心障礙」的說明卻付之闕如。這一點恐怕是故意的，他們可能原本就認為報導「霸凌身心障礙者」這種事，終究是不被允許的。

結果就使大眾產生出一種印象：在一間極為普通的學校裡，發生了脫光同學衣褲，迫使該名同學自慰還逼他吃大便的霸凌。畢竟對絕大部分的人而言，這是一件難以想像的事。因此當事情一傳播開來，小山田會接受到激烈的「取消」風暴襲擊也屬理所當然。

不過，《ROCKIN'ON J》（山崎洋一郎）拒絕所有關於這件事的採訪，所以這也僅是筆者的推測。我在一九九五年那段期間，從事的工作也同樣是雜誌編輯，因此無意以現在的價值觀去批評二十幾年前的事。縱使如此，一項原本是為了要拉抬音樂人的企畫，最後卻演變成有可能終結該音樂人事業生命的事件，而且還被受訪當事人指出「內容寫的不是事實」……我只能說，這是一件非常嚴重的事情。

*

關於引起問題的訪問文章，山崎洋一郎於事件後發表了聲明：「當時的訪問，是由擔任訪問者兼總編輯的我負責。對於霸凌問題的處理，我覺得自己當下作為一名訪問者和刊載文章的總編輯，在心態和判斷力上均有誤，欠缺了倫理觀和誠信」、「雖然是二十七年前的文章了，不過一直都還是有人持續追蹤。我認為作為一位文章刊載者，有義務承擔今後也將被持續追究的責任。」可是，對於小山田指出的「與事實不符」一事，山崎並未在聲明中做出回應[11]。

中原一步訪問小山田的文章在《週刊文春》刊出之後，當年撰寫《Quick Japan》中訪談文章的撰稿人村上清，在現職出版社的官網上發表了一篇聲明，內容摘錄如下：「（訪問）現場小山田先生的說話口吻，絕非如坊間所傳的語帶炫耀或談論英勇事蹟。再者，我會將小山田先生的同學S先生（假名＝澤田）寄的賀年卡，刊載在該訪談文章最後一頁，當初也完全沒有要「公開把人當笨蛋」之類的意圖，只是順著內容的種種脈絡，把存在於S先生與小山田先生之間的奇妙交流，比照為一段友情的小插曲刊載在文章末後而已」、「……（小山田先生）只是『我提案企畫第一回的來賓』；此外，該文中亦曾提及，小山田先生本來謝絕訪問，儘管如此，他最後還是不忍心拒絕我的誠懇拜託，才答應訪問的。然而，卻只有小山田先生的這一回訪問，後來不斷地被推上風口浪尖。我始終認為，這件事也證明了我作為一名採訪者兼撰稿者，本身的不成熟以及力有未逮。」村上在聲明中的文字，亦顧及了小山田的立場[12]。

不可原諒的發言

小山田圭吾的「取消騷動」，在日本全國掀起了一股群情激憤的風暴。不過，從前文所有談話內容的解析看來，可知當初他敘述的並非是炫耀霸凌往事，而是一般學生與有身心障礙的孩子同處一班，非普通情形下的學校生活。假使事情如筆者推測，那麼小山田不就是取消文化下的「受害者」嗎？但或許也不能這麼說，因為在小山田的談話內容中，確實有令人難以苟同的部分，至少對照現今的「自由主義」價值觀來看是如此。

高中時代的小山田，某天下課時間和同學們跑去學校的後山抽菸。那附近有一所養護學校（註：類似台灣的特教學校），就讀該校患有唐氏症的一群學生，當時正在跑「馬拉松」[13]。

「『啊，有唐寶寶學生在跑步耶！』我說完後（大家）就一起抽菸。然後，又來了一個，也是唐寶寶學生。不過，唐寶寶們不是都長得差不多嗎？所以我就說：『咦？那個學生不是才跑過去而已嗎？』（笑）。雖然比起剛才那一個，後來的這個身材是有比較大隻啦！接下來，又有一個穿著酒紅色衣服的唐寶寶學生（女學生）咚咚咚地跑了過去，於是我又說：『啥？她是個女的？』（笑）。最後一批大概有十來個唐寶寶，每個人都長得差不多，但身材高矮胖瘦不一，嘩地全跑了過來，結果我不禁脫口喊出：『好壯觀呀！』（笑）。」

小山田講述這一段話的脈絡是：他從在校體驗中，進而對身心障礙者產生興趣。但即便如此，依然很難令人贊同他的這番話。爾後，「日本唐氏症協會」對此發表了聲明：「該訪問內容中，不僅講述了有關霸凌身心障礙同學一事，其中還可見對於唐寶寶的歧視言論，著實令人深感遺憾[14]。」

日本致力保護心智障礙者權利與提出政策建言的「全國手牽手育成會聯合會」，先前就以一篇〈關於小山田圭吾先生一系列報導之聲明〉做出批評：縱使學生時期有過逾越分際的離譜言行，「但理應無必要在成年、又已成為一位知名音樂人的情況下，公開地在著名音樂雜誌的訪問中，特地以不莊重的言詞高談闊論往事。這種行為只能說是非常惡質[15]。」

既然相關團體皆已發聲批評，小山田便無法再繼續留在帕運（不過聯合會在「聲明」裡也表示，由於小山田已承認事實並且致歉，所以「並不會要求他退出東京奧運的樂曲製作」)。

倘若當時的情勢是如此，從後來的觀點來看，小山田當初該如何是好呢?於此，說不定某些人會有這樣的看法：「要是他在那之前就誠實地道歉，事情便不會發展到這種地步。」最後，讓我們一起來檢視這種看法與回顧整個事件。

那麼，該如何是好

小山田在《週刊文春》的訪問中表示：「長年以來，這件事一直沉重地壓在我心中。」即使如此，但為何當時不解釋清楚和道歉呢?對於這個問題，小山田表示：「我當時已經知道，那件事情過不了多久就會遭到非議。可是，我不曉得該怎麼去應付兩家雜誌社和匿名部落格比較好。老實說，我也害怕因為我起了頭，結果整件事愈鬧愈大，所以才會遲遲無法踏出那一步[16]。」

讓小山田猶豫不決的原因，大概是該事件並非單純地開個記者會，向大眾道歉就能解決的吧。

首先，倘若《ROCKIN'ON J》所寫的內容與事實有出入，就必須確認什麼才是事實。如此一來，小山田與編輯部之間，必然會發生對立的情況吧。

媒體公司 ROCKIN'ON JAPAN，經常承攬「ROCKIN JAPAN FESTIVAL」等大

型音樂活動，一般認為他們在日本音樂圈握有極大的影響力。要與這類組織就過去的訪問，上演「有說沒說」互揭傷疤的戲碼，一個小蝦米般的音樂人會猶豫不決也是可以想像。只要訪問當下的錄音帶沒有留存，便無法確認到底是小山田「當初在誇大其詞」，還是編輯部之後把內容加油添醋成有趣的文章。與此相同，《ROCKIN'ON J》大概也會在重新提起小山田受訪內容一事上，製造困難。

再加上無庸置疑地，小山田內心應該也不想為了翻過去訪問的舊帳，而傷害到自己身為音樂人一路辛苦累積的評價和地位。假使筆者的推測無誤，那麼以長遠眼光來看，「取消騷動」對小山田而言未嘗沒有好的一面。因為各種綑綁將就此解除，他終於能夠為自己「政治不正確的過去」道歉了。

那麼，小山田又該如何是好呢？筆者的看法很簡單——「他本就不應該接下東京奧運暨帕運開幕儀式的作曲工作」。

類似這麼複雜的案例，在引發群情激憤後，就算道歉也為時已晚。而且完全能想像得到，即使在那之前道歉，後續依然會引發群情激憤，並發展至無法收拾的地步。另一方面，若小山田不承接可能會讓自己成為取消對象的公部門工作，該事件或許仍會持續在網路上悶燒，但他應該還是能在多數人都不知情的狀況下，一如往常地繼續從事音樂活動。

取消文化的特徵是，若某人去承擔一個可能會遭到取消的地位，他就會成為受到攻擊的對象；相對地，若不是一個會遭到取消的地位，就算某人做的事和會被攻擊的對象沒有兩樣，也會直接被無視。

「難道曾經霸凌過別人，未來就將永劫不復嗎」、「法治國家能容許不基於法律公審個人嗎」……在小山田遭受過度的抨擊當中，也有人發聲提出質疑。而對於這些質疑，網路上可見到許多反駁，例如：「這次是特殊案例，小山田的霸凌太過惡質」、「已經形同犯罪而非霸凌了」。但是，「可原諒的霸凌」與「不可原諒的霸凌」，又是根據誰的什麼標準來決定的呢？

小山田既然一直都知道自己的過往有瑕疵，所以他當初應該告訴主辦單位，自己沒有參加帕運相關工作的資格並推辭才對。

※筆者撰寫本文時，關於小山田先生及太田出版社（村上清先生）的部分，由於考量到援用相關訪問內容和文章等，已盡到說明責任，因此並未再度向他們提出採訪請求。ROCKIN'ON JAPAN（山崎洋一郎先生）方面，雖然筆者曾試著透過出版社請求前往採訪，但對方回覆：「恕我方謝絕應對類似本件的採訪」。

PART2
政治正確性與說話用詞

「Political Correctness」意指「政治正確（適切性）」，英語國家通常以縮寫「PC」表示。日本人使用「政治正確（ポリコレ／Polikore）」這個詞的時候，帶有類似揶揄的意味；可是該詞的縮寫「PC」，在日本普通多用來指稱個人電腦。所以筆者決定本書中所用的「政治正確」略稱，隨俗循著日本的一般用法（ポリコレ／Polikore）。

「倫理道德上的正確」基準，大抵會因人而有相當大的差異。縱使如此，為了營運管理一個社會（共同體），政治上就非得決定什麼是對的、什麼是錯的。

不僅選舉、國會議事、法律制定，連推特（現為X）上的#（標籤）也都是「政治」，諸如此類的事現今大概無人不曉吧。在各種立場的人為自己的主張而戰的情況當中，社會整體的正確性（常理）基準，便會在磨合中逐漸確定下來。這整個過程都屬於「政治」，人類徹頭徹尾就是一種政治生物。

——類似的道理規則之後再論，筆者先從親身體驗過的小故事切入主題。這則故事在筆者其他著作中也曾提起過，但為了說明政治正確為何是必要的，筆者認為這個例子正是最佳範本。

事件：「那不是在侮辱人嗎？」

小故事大約發生在千禧年左右，所以是二十多年前。我參加了一場郵輪之旅，從新加坡沿著馬來西亞半島穿越麻六甲海峽北上。這艘豪華遊輪裡有游泳池和劇院等，大部分的乘客都是從歐美來的旅客。

行程中有一項活動，是換搭小船遊覽普吉島周邊的各座島嶼，旅客們需分組並組團前往。我們這一組的團員有在印度工作的法國夫婦、從美國奧克拉荷馬州來的四位美國男性和退休後首次國外旅遊的我。

大家在自我介紹過後，法國人先生問我說：「你見過小泉嗎？」我不明就裡地露出訝異的表情。於是他接著說，自己在一家自來水公司擔任社長，該公司是在日本政府的ＯＤＡ（註：Official Development Assistance，指已開發國家對開發中國家的一種經濟援助。）開發協助計畫下設立。

然後他表示：「社長一職原本應該由日本人擔任，但因為印度人只服從白人的指揮，所以我才能當上社長。大家都很受小泉（小泉純一郎在當時任日本首相）的照顧。」

其實我過去還在當編輯的時候，曾經採訪過尚未擔任首相的小泉純一郎。不過，我覺得把那件事拿來告訴這個惹人厭的男人有點愚蠢，所以便回答說：「他也不是我想見就見得了的啊，不是嗎？」然而無獨有偶，這次換他太太開始抱怨，她指責行李員把行李送錯客房了。

如果先生是個惹人厭的傢伙，太太也會物以類聚，所以我把太太的抱怨當作耳邊風聽。突然間——「妳這麼說話，那不是在侮辱人嗎？」那群美國男性中的一位，立刻不悅地插嘴。他當時說的英文是Insult（侮辱、無禮），這並不是個很適切的詞，尤其是當著別人的面使用。

現場的空氣一瞬間凍結。

我一看那群美國人，每個人的臉都一副理所當然的樣子。

法國社長夫人支支吾吾地說：「不是的，我沒有那個意思……」她先生則急忙地當和事佬：「後來還是把我們的行李送來啦，這樣不就好了嗎！」整個情況才圓滿收場（此時另一位美國人裝作若無其事的樣子，開始聊起天來）。

雖然只是個小插曲，我卻一直受他們對話的影響，過了一會之後才瞭解其中的意思。在那個場面發生的事件，（大致上應該）如後所述。

法國社長夫人，把行李員的不中用當作社交話題來聊。前往新加坡工作的行李員，幾乎都是離鄉打拼的印度人，可是那群美國人不太瞭解這一點。因此他們是不是認為，「那位白人女性在我這個日本人（黃種人）面前，批評新加坡人（黃種人）呢？」這對美國人來說，大概就像在一個有黑人貴賓的派對中，白人客人卻不斷地抱怨自己的黑人女僕有多蠢笨一樣，令人覺得心裡非常不舒服。所以，那群美國人的其中一人，才會突然生氣。

那一對法國夫婦，自然是知道這種事情才對。而且與日本人同在印度工作的他們很清楚，就算自己貶抑印度人，我這個日本人也不會介意（那的確是個「令人感到不愉快的女人」，但我不認為她語帶歧視）。然而，來自奧克拉荷馬州的美國人，卻是只覺得這位法國社長夫人，突然間開始歧視別的人種。

政治正確是全球化空間的規則

人類在進化史上的多數時期，一向都生活在關係密切約一百五十人的共同體（內部空間）中。那是一個以家人、親戚為核心的群體，並有（無血緣關係）來自其他部族的女性，加入此群體生養子嗣。這是一種為了避免近親性行為的進化機制，女性一進入青春期就會具有某種冒險精神，同時似乎也會對遺傳上相異的其他部族男性，產生性方面的興趣[17]。順帶一提，這種情況在黑猩猩和倭黑猩猩群體亦同。

一百五十人這個數字，是英國演化人類學者羅賓・鄧巴（Robin Dunbar）提出的「鄧巴數」。由於人類大腦認知上的極限，一旦超過該人數，人腦就無法把臉孔和名字湊合起來[18]。

在內部空間中，每個人都熟悉對方，如此便能有效率地進行狩獵或戰爭等共同工作。一旦超過該人數，「陌生人」會逐漸增多，將愈來愈難以保有群體的團結精神，通常還會一分為二（某些企業也會在部門人數超過一百五十人時，導入單一事業部體制）。由此可知，所謂的內部空間，即是相對於「他們」之「我們」的世界。

然而隨著文明的進步，我們與出生成長於不同區域人們的交流機會漸增。至近代進入都市化之後，又產生出了陌生人之間能互相認識的新體驗。經由這種方式，作為「想像的共同體」（由班納迪克・安德森所提出的概念）的民族國家於是被「創造」出來，並建立起一個國民公民擁有共同語言、宗教、文化的框架。近代國家之所以會開始免費提供教育，就是為了要訓練教育國民，以期能動員他們進入軍隊和工廠，同時提升國力並在國際社會中取得主導地位。

一九九一年蘇聯解體，冷戰結束後不久，全球化急速進展。我們在日常生活中，也開始和屬於不同國家、擁有不同文化或宗教、說著不同語言的「他人」接觸。而隨著這股潮流出現的政治正確，並非是一種偶然。

內部空間中有「我們的規則」，我們自從懂事以來，就被徹底灌輸「適當的既定常規」。只要共同體全員都一同遵守基本約定的話，大概就能以最起碼的溝通互傳彼此的意見（日本稱此種情形為「阿吽的呼吸」（即默契十足））。

然而我們在全球化空間中，卻會遇見各自擁有不同規則的人們，因此「我們的規則」就不適用了。

近代以前，除去交易等特殊狀況，在前述之規則不同的情況下，人們會開始互相殘殺。近代以後，特別是第二次世界大戰之後，由於自由化程度又往前邁進一大步，人們變得極度忌諱並避免暴力，「所有人無關乎出生與成長一律平等」的價值觀便全面傳播開來。於是，適用全球化空間的規則，就必須得重新建構。

所謂的全球化空間，是一個前所未有的嶄新世界。就人類史來說，頂多最近一百年左右才誕生出來。因此，如何應對該空間的法則，不可能事先程式化在我們的基因中，而且孔子、佛陀、蘇格拉底等也從未經歷過全球化空間。

而所謂的政治正確，就是我們從長年滾動式修正中，創造出來適用於全球化空間的規則與規範。可是只要有某人制定了某種規則，即表示該規則踐踏了他人的「我們的規則」，或者是侵害他人的既得權利。如此一來，有關「正確性」的政治鬥爭便烽煙四起。

從身體暴力到心理暴力

政治正確意指一種在全球化空間裡的「適當行動方法」，而這處空間恰巧是不同種族、民族、宗教、國籍、性取向（Sexual Orientation）等的人們，聚集在一起的場所。政治正確最初會誕生在美國，可能是出於美國是個融合多元種族與民族的「人工國家」，可謂為全球化世界的縮影。

政治正確的規則先是在美國形成，而後成為全球標準，但若把此事當作某種「陰謀」，其實並不正確。因種族問題而再三發生抗議運動的美國，是一個對歧視有著高度敏感的社會。正因為如此，在美國奠定下來的（暫時性）約定，才會為整個世界共有。規則一旦奠定，要是人們的言行違反規則的話，就會被視為不道德與不適當，並依據情況而成為處罰對象。

暴力，無疑是生存的最大威脅。所以無論時代和地區，每個社會均有「汝輩不可殺人」的戒律。這是因為同伴之間若平日裡為了地位、性愛等打打殺殺，共同體便無從成立。

暴力與性暴力，現在已是應忌諱之事。可是，學校和家庭內的暴力（體罰或管教）、夫妻和戀人之間的性暴力等一定範疇內的暴力，在此之前都被人們所默認。該暴力亦是一種犯罪行為的普遍認知，則是近年來才有的事[19]。

能有效的處理暴力威脅，是近代國家獲得每個人支持的原因之一。暴力由軍隊與警察獨占，禁止私下爭鬥，強制透過法律解決紛爭。法治國家中的公民，可藉由司法的保護免於不合理的暴力（在正常狀態下）。

經歷過第二次世界大戰、德國納粹大屠殺、日本廣島長崎原爆之後，即使特定區域戰雲密布（如俄羅斯侵略烏克蘭），但大國之間則不可能發生戰爭（倘若第三次世界大戰爆發人類或許終將會滅亡），已開發國家均提倡永久和平與經濟成長。殺人強盜等重大犯罪也整體減少，我們正生活在人類史上前所未有最安全的社會中（因媒體大肆報導異常性犯罪，而使人主觀感覺治安惡化等情形，現今已鮮少發生）。

一旦過去解決不了的私人之間的暴力，經由國家獲得控制之後，接下來起因於國家的歧視，就自然會吸引人們的關注。

近代國家的前身是一個身分制社會，身分低者、女性、黑人等少數族群，不具有完全的人權和公民權。然而自由主義的原則，卻是國家必須得同等（平等）對待所有國民，不允許特定群體成為統治階層，並要其他群體服從。

由於一九六〇年代美國公民權運動的推進，前述那種明顯的歧視（不合理的法律制度），在已開發國家中幾乎消失殆盡；南非的種族隔離制度（Apartheid），也因為承受不了國際壓力而於一九九一年廢除。縱使現今在中國（新疆）和緬甸（羅興亞人）等國，仍然有來自國家的人權壓制，不過在諸如歐美、日本等已開發國家裡，有關法律制度上的衝突對立（例如人權、歧視等），已經移轉至更細微的範疇。

日本目前正在爭論刑法上性犯罪條文的修改，其中「自由主義派」的人們發生了對立。當中的一方是被害人團體，主張沒有取得同意的性行為須視作犯罪；另一方是人權派律師，他們擔憂在沒有客觀證據下，僅因主張「沒有取得同意」就判刑，恐怕會助長冤案發生。

在東京奧運，女子舉重超重量八十七公斤級比賽中，有一名跨性別選手（原性別為生理男性）參賽。雖然有些媒體的報導，形容這名選手參賽是為一項「創舉」；但另一方面，也有（生理女性的）女子選手們出聲抗議（後來該名跨性別選手在一百二十五公斤級的抓舉中失敗，最終無緣獎牌）。

美國過去有一位跨性別游泳選手，在大學女子游泳錦標賽中獲得冠軍。但由於該名選手此前以男性運動員身分活躍於體壇，為此美國社會掀起了兩派論戰。同樣的情況也發生在其他比賽中，於是支持跨性別人士權利的民主黨，與主張「女子選手機會遭到剝奪」的共和黨兩相對立。此一議題在美國二〇二四年總統大選中，成為了攻防重點。

假使容易理解的問題得以解決，那麼剩下的必然是不易解決的燙手山芋。隨著源於法律制度的歧視逐漸消除，那麼隨後人們會強烈關注的，大概就是比較難以挽救的歧視。

人類是一種社會性的存在，對於遭到他人的傷害十分敏感。倘若「制度性暴力」已獲得解決，那麼社會文化所形成的「心理性暴力」便會漸漸浮出水面。雖然「沒有人應該受到（心理上的）傷害」的這股潮流，被人稱作「體貼」（或帶有揶揄之意），然而這就是一種典型「說話用詞」的表現。

日本人稱呼加「さん」＆美國人直呼名諱

註：日語中的「さん」（san）是一種不分男女性，用以尊稱他人的接尾語。一般若連接於姓氏或名字之後，中文多譯為「〇〇先生／小姐、女士」。

我朋友聽到他讀小學的女兒描述完在學校發生的事情之後，據說他產生了一股強烈的突兀感。雖然他女兒說的都是一些「山田さん做了這種事」、「佐藤さん說了那種話」等，關於班上同學的芝麻小事。但他卻愈聽愈兜不攏，於是再度問清楚，最後才知道原來兩人都是男同學。

後來朋友碎唸說：

「最近公立學校去性別化做得真徹底，不管稱呼男生女生都會加上『さん』。」

「『男生該有男生的樣子』、『女生要有女生的樣子』，若現在希望孩子們這麼成長的話，大概早就算是一種『歧視』了吧！」

在公司方面也是，昔日上司對部下、前輩對後輩說話時，都不會在姓氏後面加上「さん」，而且以職級稱呼上司亦屬理所當然。可是目前有愈來愈多的公司不問職位、年齡、進入公司的年分，一律在每個人的姓氏後面加上「さん」。現在的社長會稱呼一位姓山田的基層員工為「山田さん」，但在不久之前，這還是很難想像的事。可是若只叫對方的姓氏「山田」，在現今這個時代，就有可能會被認為是權力騷擾。

而這方面頗有趣的是，在歐美（特別是英語系國家）的公司文化中，員工們不問職級，彼此以名字相稱已是習以為常的現象。Facebook（現為 Meta）的創辦人兼CEO馬克・祖克柏（Mark Zuckerberg），是一名目前擁有身家七兆日圓（約新台幣一兆四千萬元）的富豪（由於股價大跌，他在二〇二一年起的一年間，財產就減少了十一兆日圓，約新台幣兩兆元）。然而，縱使他手中持有過半數表決權，握著莫大的權力，公司員工還是直呼他「馬克」。場景轉回日本公司，如果某位新進員工直接叫社長的名字「一郎」之類的，現場的溫度，可絕對不只有冰點兩個字能形容。

不過儘管日本與美國差異甚巨，兩國在稱呼的變化上仍然有共通之處——那就是「公平對待每個人」。而對某人可直呼名諱、對另一人需加上「さん」或「Mr.」等，以目前的價值觀來說已被視為不適當。

但是，這並不意味著人際關係中不能有上下之分。學校團體講求「人人平等」或許無妨，然而公司組織卻是藉著職級以發揮指揮系統的功能（例如：部下必須服從上司的指示）。直呼祖克柏「馬克」的 Facebook 員工，理應會強烈意識到對方握有至高無上的權力，隨便說一句話便能解雇自己吧。

倘若如此，為何還必須統一所有人的稱呼呢？那是為了要使彼此之間的「距離」相等。

一個自由化的社會，已不再能允許人們恣意在公開場合中，視對方身分使用不同的稱呼。所以接下來，筆者想深入淺出地來探究這個問題。

使用敬語等同失禮的情況

敬語和敬稱，向來均作為一種表示尊敬對方的語言，可是這項常識，是否能用來說明後面這個例子呢？

某家美國公司幾乎所有的員工都是白人，唯獨某部門裡有一位黑人男性員工。白人員工們會使用暱稱（「鮑比」、「梅格」等）來稱呼彼此，不過卻單獨對黑人員工使用敬稱（「威廉先生」）。這是為了表示尊敬對方，所以完全沒有問題——不知道有沒有讀者會這麼認為。

從這個單純的例子（雖然單純卻可能很常見）中就能得知，少數族群受到多數族群不同於他人的對待時，即便互動中對方用的是敬語和敬稱，也算是一種「歧視」。

現代語言學的研究顯示，我們會透過巧妙地改變用詞，來經常調整與對方的距離。敬語和敬稱有拉開我們與對方距離的效果（疏離化效果），而這種效果會令人產生一種「難以接近」的印象。隨著對方的地位愈高（自己的地位越低），就必須使用疏離化效果愈強的用詞。

然而另一方面，使用敬語也會嚴格地區分內與外，把對方定位為自己以外的外人。我們跟家人和朋友說話時不用敬語，就因為大家是「自己人」的關係。如同「敬而遠之」一詞，敬語亦有疏遠與排除對方的作用。回到上述例子，倘若白人員工們使用敬稱的對象只有黑人員工，該位黑人員工必定會感受到強烈的疏離感。

利用語言與對方保持正確距離，一般在英語中稱為「Politeness」（禮貌）。要是把 Politeness 翻譯為日語中的「礼儀正しさ」（即禮貌），其語言性質就會和日語的敬語一樣。不過從語言學來說，「親しさ」（親近）也包含在 Politeness 裡[20]。所以帶著親近感直呼同事的暱稱「鮑比」，在泛英語系國家中亦屬於「禮貌」範圍。

「さん」或「Mr.」等稱呼會拉開我們與對方的距離，暱稱和直呼名諱則會縮短雙方的距離。在日本文化中，對地位比自己高的人使用第二人稱（或直呼名諱），是 Impolite（失禮）的行為。另一方面，對於關係親密的人使用尊稱，卻也屬於 Impolite 的行為。例如夫妻吵架時，若以「さん」稱呼對方和開始使用敬語，該情況（大概）

已是十萬火急了。

利用敬語和敬稱的疏離化效果來拉開與對方的距離，一般在英語中稱為「Negative Politeness」（消極的禮貌）。相對地，「Positive Politeness」（積極的禮貌），則是透過同輩用語和第二人稱的親近化效果，來縮短與對方的距離。然而，無論是拉開或縮短距離，與對方之間的距離倘若恰當，就會是一種「Politeness」。

透過前述內容大概就能清楚說明，日本與美國在商業上稱呼用法的莫大差異了。因此，以政治正確的規則來說，無論職級和屬性（例如性別），公司全體員工在語言上的距離都必須相等。所以日本方面才會透過消極的禮貌（敬稱），包含從社長到基層員工，在所有員工的姓氏後方加上「さん」。相對於此，美國方面在同樣的事情上，則採行積極的禮貌（第二人稱等）。將時間拉回到現在，前述例子中白人員工對黑人員工的稱呼，大概就會轉換成暱稱「吉姆」或「吉米」了吧。

如何稱呼外國人上司和同事

日本與歐美於禮貌規則上的差異，似乎在全球化的商業職場裡造成了些微的混亂。只要有一位（說英語的）外國員工進入日本公司工作，日本人同事彼此間的對話，仍會在姓氏後面加上「さん」稱呼對方；對於外國人同事，則會直呼名諱。倘若僅止於此也都還行得通，但是在日本人與外國人一同參與的會議裡，就會發生要選用哪一種規則的窘境了。

有一種解決方法也許有人採用：使用日語對話時仍然使用敬稱，例如「山田先生」、「史密斯先生」；使用英語對話時，則直呼名諱，例如「太郎」、「麥克」等。然而如此一來，就會變成在類似的狀況下，卻以不同名稱來稱呼同一個人，可說是相當麻煩。假使無論使用哪一種語言，日本員工均以暱稱來稱呼外國人，例如「麥克」；而外國員工則以敬稱來稱呼日本人，例如「山田先生」，不曉得這樣是否會更加自然呢？

按照筆者的經驗，若對方是香港人或新加坡人，運用前述方式即可不卡關地順暢溝通。由於他／她們除了出生時取的名字，另外還有教名（Christian Name，是指在出生或受洗時或之後所起的名字），因此便約定俗成地「在姓氏後面加上『先生』等敬稱，教名的話則彼此直呼名諱」。由於日本人的名字裡沒有教名，大家就很自然地直接在姓氏後面加上「さん」稱呼對方。

可是這項變形規則，要是用在文化背景較為不同的歐美人身上，依舊會發生問題。假使A直呼B的名字，B卻對A使用敬稱，從語言的性質來看，必定會產生地位上下之分。在所有人都必須受到「公平」對待的全球化空間中，彼此之間只能使用相同稱呼。

話雖如此，但對日本人來說，即使對方是外國人（或正因為對方是外國人），被直呼名諱還是會感覺很不自然。同樣地，稱呼外國人同事和上司時，直接以名字相稱，對日本人而言並不會有問題。不過在講英語的會議上，要直呼日本人上司的名諱，例如「Tarou」（太郎）等，必定依舊令人很難接受。可是若以「部長」、「課長」等職級來稱呼對方，英語系國家又沒有這樣的稱呼習慣。

雖然筆者並不十分清楚全球化商業職場中的狀況，但對於「稱呼問題」，大家是不是始終都疲於奔命呢？

日語起源於身分制

不久之前，日本職業足球聯賽（J.LEAGUE）的裁判表示，日語很困難。要是使用英語，無論下裁判的對象是球王梅西、還是足球傳奇C羅，只要說一句「Step Back」（後退）就能叫他們遠離足球。可是如果使用日語的「Sagare」（下がれ／給我退下）下裁判，就像在找球員吵架一樣；倘若用的是「Sagattekudasai」（下がってください／請您後退），聽起來又似乎是在拜託對方。據說，最常用的裁判語言是「Sagarinasai」（下がりなさい／請後退），縱使如此，在某些選手聽起來應該還是會有「上對下」的感覺吧！

同樣的情境，也能套用到道路施工時的交通指揮人員身上。

美國方面，負責交通管制的指揮人員非常威風，就算一輛載著億萬富翁的賓士開過來，指揮人員也只會命令對方「Stop」（停車）或「Go」（走），絕對不會說「Thank you」（謝謝）。

相反的，日本的指揮人員總是卑躬屈膝，連旁人看了都於心不忍，其模樣大致上是：他們會跑到汽車駕駛旁邊拜託人家：「不好意思，請您稍等一下。」而汽車通過時，還會畢恭畢敬地敬禮說：「謝謝！」

但這種態度上的天差地別，無法只用美國人比較大剌剌、日本人比較客氣之類的國民性來說明。

美國的指揮人員會如此地頤指氣使，是因為就算他們採取「上對下」的態度，駕駛也不會生氣。而日本的指揮人員之所以會採取「下對上」的態度，大概是因為他們只要一使用命令的口氣，某些駕駛就會開始不爽。

其原因之一，是對於責任與權限的思考方式不同。

美國人的想法是，責任與權限是一比一對應的。交管指揮人員有確保道路安全的責任，在相關事務方面握有莫大權限，這就是他們能以「上對下」的態度命令駕駛的緣由。

相反地，由於日本在責任和權限上較為模糊，駕駛與交管指揮人員之間，便形成了一種「人」與「人」的對等關係。「停車！」聽到命令語氣的日本駕駛人之所以會暴怒：「可惡！那是什麼口氣啊！」大概是覺得自己這個人被貶低的關係吧。

但以上論述中仍留有謎團。

在國際性的足球賽事中，理應沒有日本選手會因為被要求「Step Back」（後退）而生起氣來；在美國駕駛汽車時，大概也不會有人因為聽到交管指揮人員說「Stop」（停車）而心生不快吧。縱使文化不同，但因為責任與權限等規則十分清楚明瞭，每個人依舊能迅速理解。

從這一點來思考的話，不就能發現問題的背後存在著「日語」嗎？如果日本人裁判也用英語說「Step Back」（後退），他必定不會再加上「Please」（請）。要是日本道路施工現場的交管指揮人員是外國人，就算他說「Stop」（停車）或「Go」（走），大家依舊能理解接受吧。

日語當中有複雜的尊敬語和謙讓語，促使人們必須時常意識彼此的身分地位。由於這種時代產物，一直殘留到身分地位幾無差異的現代，因此命令型語氣就會使人有「上對下」否定全人格的感受。所以，日語是一種不適用於平行人際關係的語言。

再者，日語中禮貌用詞（丁寧語）會如此異常氾濫的原因，正出於日本人對自己的語言感到混亂。接下來，筆者將援用其中一個典型的例子：「請讓／允許我〜」（〜させていただく）來與讀者們一起思考。

「請讓我聯絡您」是錯誤的敬語用法

有位男性長者去參加一場關於敬語的演講，當會場的櫃檯人員對長者說：「請您允許我確認一下票券。」此時，長者卻暴怒起來。爾後，這位長者在演講會後的問答交流中，請教講師他剛在櫃檯遇到的情況：「我明明沒有權力可以允許他們確認檢查我的票，那種說話方式不是很失禮嗎？」

前述內容是語言學者椎名美智舉的例子，不過問題到底出在哪裡，是不是仍然有很多人搞不清楚呢[21]？而同樣的用法，例如：「請讓我聯絡您」、「請允許我寄封信給您」等十分常見的語句，據說也都是「錯誤用法」。

每當鬧出醜聞的政治人物，使用類似的語句表示「請讓我反省」、「請允許我對大家道歉」等，總令人感覺他好像有什麼地方在說謊。應該也有一部分的人，聽到歌手或演員說「感謝大家先前讓我們登記結婚」時，語感上覺得怪怪的吧。SMAP 在二〇一六年公布要解散的時候，發文給媒體的用字遣詞方式，諸如「請允許我們已經決定要解散了」等，在當時亦引起討論。

從日語文法上來看，「請讓／允許～」（～させていただく）是使役助動詞「させる」（Saseru），變化為「て」（Te）中止型，連接授受動詞「いただく」（Itadaku）的結合。「させる」有使喚別人去做某事的（強制）作用，例如：「我『叫』孩子去打掃房間」。因此在態勢上，下命令方（例如自己）會高人一等、接收命令方（例如對方）則低人一等。「いただく」是「もらう」（Morau）的謙讓語，此處發話者特意以矮人一截的立場表示謙遜，收受來自上位者的心意或物品時使用。透過這種組合，反轉了原本「使喚別人去做某事」的使役含意，從中衍伸出如後效果：「由於上位者的好意，自己獲得了能做某些事的允許」。

自前述說明即可明瞭，「請讓／允許～」原本的用法是以對方的許可為前提；而用法上的對錯與否，則可透過該語句能不能轉換為疑問句，來進行簡單的判別。

例如：「請讓我看一下」昂貴的古董珍品。此時，這句話若能轉換為「我可以看一下」昂貴的古董珍品嗎？用法上即無誤。另一方面，前述政治人物面對大眾的說詞：「請讓我反省。」此時若轉換成「我可以反省一下嗎？」就變成在徵詢大眾的意見，毫無道理。他們的說詞之所以令人感到不愉快，因為那僅是裝模作樣的反省，單方面強迫大家接受他的立場罷了。而 SMAP 的那句：「請允許我們已經決定要解散了。」會讓人覺得不搭調，原因大概是這樣就像在請求相關人士的許可。

「請讓我聯絡您」、「請允許我傳送電子郵件給您」等錯誤用法，在轉換為：此處「我可以聯絡您嗎」、「我可以傳電子郵件給您嗎」之後有一種語感，似乎在徵得對方的許可之前，自己就已經先寫好該聯絡事項和要事了。

「請您允許我確認一下票券。」在前文中的男性長者之所以會對這句話暴怒，他大概是想表達：進場之際出示票券明明是既有的規定，但對方卻說得好像他擁有許可的權力一樣，該說話方式很失禮（Impolite）。其中的錯誤點在於，櫃檯人員的表達方式隱去了規定一事，聽起來彷彿長者可以按照自己的意志行事一樣；所以，此時櫃檯人員只需要說「請出示您的票券」即可。

話雖如此，但還是有很多人對於正確用法，例如：「我會聯絡您」、「我會傳送電子郵件給您」等，感到不自在吧，因為正確用法會令人覺得不足以表達自己對於對方的敬意。而人們會有這種憂心，是因為日語中有強烈的「敬意遞減法則」在作祟。

敬意快速消耗殆盡

現代日語中的「お前」（Omae／你、妳），正式寫法是「御前」，意指您的前面。由於古時候身分低的人不敢直呼尊貴人士的名諱，因此援用場所來替代。同樣地，「貴樣」（Kisama／你、妳）現代多用來作為辱罵對方的第二人稱，不過如漢字所示，該語詞原本是尊敬語。然而這兩個語詞裡本來含有的敬意，隨著時代逐漸遞減，最後演變成負面用詞。

會演變到這種地步的原因是，在人們廣為使用之際導致語詞普遍化（平凡化），敬意因而逐漸消失。若大家都胡亂地對每個人使用「貴樣」的話，結果就會令人搞不清楚某人的地位到底是高還是低，所以敬意才會被快速地消耗殆盡。

英語中的「我」和「你／妳」只有「I」和「You」兩個字，可是日語卻會因應各種場合狀況，衍生出不同的說法。在世界語言的分布裡，英語與日語是兩個極端。英語在成為世界語言的過程中，演變為任誰都容易理解、用法簡潔，受人歡迎的語言（過去英語中的「Thou」意思亦指「你／妳」，但現今已當成古字作廢）。但日語卻活在自己的世界中，為了調整人際之間的微妙距離而進化成異形[22]。

另外一個有趣的現象是，「己」（おのれ／Onore）、「我／吾」（われ／Ware），今日已經變成一種辱罵對方的語詞。原本是詛咒自己的用詞，後來卻演變成辱罵對方的語詞，筆者不清楚其他語言是否也有類似情形，但在語詞的使用方法上，這無疑是相當怪異吧。在日本社會中，自我與他人的區別界線很曖昧；不知是否出於這個原因，才會讓人們覺得別人就像是自己的分身。

敬意遞減法則最典型的例子，就是在年輕人之間迅速流傳開來，使用過去式的「這樣可以嗎？」（よろしかったでしょうか）。這句話是尊敬對方的最高級表現，從原型轉變為最高級型態的文法變化順序是：「いいですか」↓「よろしいですか」↓「よろしいでしょうか」。然而，也許同樣基於敬意遞減法則之故，說話者為了拉開自己與對方的距離以示尊敬，所以才會特意轉化為過去式：「よろし『い』でしょうか」↓「よろし『かった』でしょうか」。使用過去式詢問正在自己眼前的人，是一種很矛盾的用法。但從敬語的原理來看（自己與對方的距離拉得愈遠，敬意就愈高），卻也算是一種正確的「進化」。

最近引起筆者注意的是，年輕人愈來愈常用「かしこまりました」（在下瞭解）。這似乎是因為網路上的商業敬語說明中，指出對上司使用「了解しました」（我瞭解）是一種錯誤的用法。如此的話，大家自然就會援用能表示瞭解的兩種尊敬語：「承知しました」或「かしこまりました」。這兩個語詞，同樣是下位者對上位者的用詞。

從前述可知，身分高低在日語中經常會是個問題。雖然商業敬語裡的「上級／下級」（目上／目下），基本上是指某人在公司內的職級等，然而其中還包含了另一個意思：「部長是比基層員工更受尊敬的人」。但很明顯地，這一點違反了自由主義「所有人一律平等」的原則。

一般認為，即使日語中隱含著身分之別，現今亦朝著「敬語民主化」演進。不分職等一律加上「さん」（san）稱呼別人，已是日本公司中的趨勢。然而另一方面，卻依舊有類似「かしこまりました」，這種反時代潮流的敬語廣為人用（筆者年輕時，「かしこまりました」這句話只會出現在古裝劇的對白裡，過去很難想像它會被拿來現實生活中使用）。從此看來，顧客騷擾（即奧客行為）之所以會成為日本的社會問題，是不是正由於敬語的過度使用，結果致使客人誤以為自己是某種「尊貴的人類」呢？

言詞中提及對方是一種禁忌

在所有社會中，不小心碰觸到對方均被視為一種禁忌（Taboo）。所謂的碰觸，指的不僅是物理上的接觸，亦包含未經許可闖入個人空間（Personal Space）。由於個人空間屬於心理層面範疇，當我們與對方的身分愈懸殊，該空間的距離就會愈遠。

此外，對於尊貴人士，「觀看」和「搭話」亦是一種禁忌，因為透過視線和語詞也能夠觸及對方。

在自助式立食餐會（註：立食為一種日本文化，指站著吃東西的行為）中，只要稍加觀察，就能見到一種很常見的情形：女士們通常會面對面地說笑聊天，可是男士們說話時，卻會避開眼神接觸並以身體呈四十五度角並肩站立，這是因為禁忌上亦存在著性別差距。當兩位男士目光一接觸時，該接觸就會成為啟動攻擊的信號[23]——就像混混們打起來之前，都是從「狠瞪對方」開始的。

男性的目光主動接觸女性或女性的目光主動接觸男性，均被解讀成一種性誘惑的信號，這是因為某一方使用了視線去觸及對方。雖然人類的眼睛並不會射出光線，然而就像這兩句話：「眼神很有（魅）力」（目ぢからが強い）；場面尷尬時的「視線戳心」（視線が痛い）等；雖然很明顯地違反物理定律，但類似的語詞在每個社會中都很常使用。

更有趣的是，對著對方指名道姓（透過語詞觸及）也被視為禁忌。例如猶太人的神沒有名字，所以擅自為神取名或詠唱神的名字，向來都被嚴格禁止。

直接對著對方說話，不但形同侵犯對方的個人空間，也是一種失禮的行為。日本人看到某個人的手帕掉了，不用「你／妳」（あなた）而是用「不好意思」（すみません）當開頭語來提醒對方，是因為使用第二人稱會使對方覺得我們失禮。而之所以會把道歉語當作開頭語，是因為其中隱含了這個意思：「很抱歉觸及到您的個人空間。」（「すみません」以英語來說是「Excuse Me」。不過，在英語已趨向於輕鬆化的現代，人們大概只會以「Hey」（嘿）來替代）。

相對地，使用語詞觸及彼此，可顯示出雙方的親密程度。在商業場合中，打斷對方說話是失禮的。但如果是情侶或朋友之間的對話，插嘴、附和、中斷對方說話的次數愈多，就代表雙方的親密程度愈高（使用語詞彼此嬉鬧，稱為「同理心交疊（Overlap）」）。

日語的另一項特徵是，幾乎所有的對話，均可在無第二人稱「あなた」（Anata）的情況下成立，這是為了儘可能避免去觸及對方。與此同時，日語第一人稱「わたし」（Watashi）及其家族：「俺」（Ore）、「ぼく」（Boku）、「あたし」（Atashi）、「わたくし」（Watakushi）等，雖會配合人事時地物運用，但在一般的會話中也已經不太使用（若刻意說出「わたし」這個字，會有一種強調的語意）。

日本人的心性，是從關係密切不分你我、思考方式傳統的村社會文化中形成的。而日語的這項特徵，會不會正好充分地反映了那種本質呢？

網路上跋扈橫行的「敬語警察」

日本語言學者滝浦真人，針對兩句話：「敝公司的課長也是這麼表示」（私どもの課長もそう申しております）與「我們課長其實好像也想做些改變」（課長も本当は違うことをなさりたいようなんですが）進行了探討[24]。

日語中有一種規則，在外言談間提及自家公司的人，即使是上司，也不可以使用敬語。「敝公司的課長也是這麼表示」——這句話有可能是會議席間，下屬說明上司的想法時所做的陳述。由於句中使用了說話的謙讓語動詞「申す」（Mousu）、客氣語補助動詞「～ておる」（～teoru），便從中展現了自謙之意與對聽者（與會者）的敬意。

可是在「我們課長其實好像也想做些改變」這句話裡，卻使用了對課長表示敬意的尊敬語動詞「なさる」（Nasaru）。光是使用這個動詞，就使得內外（立場）產生逆轉：在場與自己差不多職級的其他部門同事變成了同夥，言語上的課長被驅逐出境（透過措辭效果，使得這句話自動包藏了某種「陰謀」的意味）。

如前文所示，透過敬語的變換運用，說話者得以自由抒發表面說法與真實想法（例如「這件事要保密⋯⋯」）。話雖如此，但是對於學習日語的外國人、或向來在學校接受「平等」（敬語民主化）教育的年輕人而言，要靈活操作這種微妙的差異，大概會有困難吧。結果造成了類似前文所提「させていただきます」、「よろしかったでしょうか」、「かしこまりました」等，敬語誤用的氾濫情況。因為即使是誤用，但只要言詞間盡量客氣的話，（大概）就不會搞砸對方的心情或讓對方生氣。從前，只有嚴格分清楚上下位階的體育會系學生，會在每每被別人唸了什麼之後，以「謝謝您的指教」（ありがとうございます）來回答應對。但或許基於前述原因，這種回答方式現在也迅速地普及到全體年輕人身上。

不單只是「上或下」，日語這種語言要是「內或外」不同步限定的話，說話者就無法正確地選擇要使用哪一個語詞。可是如此一來，就不得不時常注意「上位者」或「下位者」是誰，並要思考把哪個人當自己人、哪個人當外人。

日語複雜的敬語系統，使日本內部的人際關係得以優化。但反過來說，在全球化空間裡人際關係走向自由化的趨勢下，日語卻適應不良。

類似「かしこまりました」（在下瞭解）等帶有身分制色彩的敬語，原本應該要廢除，然後在公司內部不分職級彼此使用「わかりました」（我瞭解）才對。但現實情況是，人們打著商務禮儀之名，堂而皇之逕自使用違反政治正確的語詞。而且連平時主張自由主義的人，都不甚在意這種事，這就表示了此一問題的根深蒂固。

絕大多數的年輕人，在年齡上均是處於劣勢的「下位者」，為了避免麻煩，他們於是開始過度地使用尊敬語和謙讓語，但目前這種情況絕非是個健全的狀態。雖然網路上有很多類似「敬語警察」的網友，會吹毛求疵地「審查」別人的日語用法，然而，掃蕩使用帶有身分制色彩語詞的陋習，才是目前大家所需要的吧。

歐洲人的祖先是雅利安人嗎？

存在於種族問題上的政治正確，最重要的約定事項是：「不容許來自於膚色的歧視」。在這種情況下，「白人」（White）、「黑人」（Black）的稱呼方法，就會成為首要問題。

自一九六〇年代美國民權運動之後，「黑人」這個稱呼在美國被視為帶有歧視性，人們於是開始使用「非裔美國人」（African American）一詞。

大部分的美國白人都是來自於歐洲的移民，稱呼上使用「歐裔美國人」（European American）似乎並無不妥，但有可能為了要避免歐洲中心主義＝殖民主義的聯想，於是白人就自行套上一個奇怪的名稱「高加索人」（Caucasian），意指「高加索（Caucasus）地區的人」。此一用詞的起源，出自白人的祖先誕生在黑海沿岸的高加索地區（Kavkaz）之說。

十八世紀下半葉，當英國開始殖民印度時，某位語言學家報告了一項驚奇的發現。據說一支名為「雅利安（Aryan）」的古代印度人，他們所使用的梵語與古典希臘語、拉丁語等語言的語法，有相同的規則。

雖然梵語今日被歸類至「印歐語系」（Indo-European Languages），但隨著梵語文獻逐漸為人發掘與解讀，從中得出了梵語的年代有可能比基督教還要古老的說法。當時的普遍認知堅持「歐洲文明一枝獨秀」，然而這項發現，恐怕有從根本上徹底撼動該信念之虞[25]。

因此，為了否定歐洲人是印度人（在當時等同於「黑人」）的後裔這種令人不愉快的說法，英國的知識分子於是推論，雙方應該在某個地方有共同的祖先，那個地方就是高加索地區。雙方的共同祖先，過去曾創造出足以匹敵古希臘的偉大文明，後來下遷到南方的支派與異族「黑人」通婚，因而導致了血統不純。

進一步發揚該學說的是德國納粹，他們倡導優生學，提出只有日耳曼民族繼承了純正的雅利安血統，並指出大歐洲地區的白人均屬於雅利安人種。然而那些基因較劣質的「非雅利安人種」，例如：猶太人和羅姆人（又稱吉普賽人）等，則應該被滅絕。

這無疑是科學被濫用的極致荒誕的案例之一。現代遺傳人類學，從分析古代人骨DNA致力重建人類系譜的研究中，也已經證實了北印度人和伊朗人，與歐洲人有共同的祖先。

歐洲的東側有一片遼闊的廣大草原地帶，從中歐一直延伸至中國大約橫跨八千公里。五千年前左右，那裡就已經有人發明了組合馬匹與車輪的新交通工具。在該地區發展出來的遊牧民族文化，稱為「顏納亞文化」（Yamnaya Culture）。

這群顏納亞遊牧民族，在獲得了運用馬匹曳引戰車的快速交通工具後，就為了尋求新土地而不斷遷移。遷移當中往南走的支派，征服了現在的伊朗和北印度，定居下來之後自稱為「雅利安」。另一方面，往西走的支派便成為了現今歐洲人的祖先。其中金髮碧眼的白人，據說就是此支派與定居在北歐的原住民通婚後，經由基因上的雜交而誕生的人種[26]。

「white（白人）」為何要小寫

在白人與黑人分別以「高加索人」和「非裔美國人」為名之後，稱呼上的政治正確規則，也得以暫時穩定下來。然而過了不久，某些黑人的社運人士出聲抗議：「我們明明與非洲沒有什麼情感上的聯繫，卻被稱作『非裔』，這是不是把我們當作『非真正的美國人』歧視我們？」

當「黑色力量」（Black Power）、「黑是美的」（Black is Beautiful）等，推崇「黑色」是值得令人驕傲的運動一興起後，基於膚色的「黑人」（Black）之稱又再度復活。與此同時，高加索人之流的新奇詞彙漸漸不再為人使用，「白人」（white）之稱亦捲土重來。不過，「黃種人」（Yellow）這個詞依舊被當作歧視語，現在大家都使用「亞裔」來稱呼。基本上該稱呼，已將生物學上（白人、黑人）與地區上的分類（亞裔）融合為一體。

從前文可知，要如何為社會所建構的人種取名，衍生出了不少混亂。其中有一個很明顯的例子，就是美國人曾對「白人」這個字，到底要用大寫（White）還是小寫（white），進行過深刻的探討。

「黑人」一詞的字首，是無條件地使用大寫（Black）表示，所以大家應該會覺得白人使用 White 也無妨吧。但問題是，白人至上主義者團體，就是使用字首大寫的 White。換言之，如果「白人」一詞使用字首大寫的字母，便潛藏了支持白人至上主義（種族主義）的暗示。據說基於這個原因，自由主義派媒體才會分別以「white」和「Black」代表白人和黑人。

但如果這麼使用的話，當作形容詞的 white（白色）與當作種族的 white（白人），就很有可能混淆。因此，某些人會在表明自己非白人至上主義之後，繼續使用字首大寫的 White（白人）。

這種事情看起來或許很愚蠢，可是如果不清楚規則的話，在美國就很有可能會被貼上「種族主義者」的標籤。

日本也有個關於黑色的語詞，就是「黑心企業」（ブラック企業／Black Enterprise）。這種公司的經營手法是，大量僱用低薪年輕人當正職員工，並以長時間的無薪加班把年輕人們榨乾抹淨，然後再逼迫他們離職。相關業種除了餐飲、零售、照護、ＩＴ新創等之外，近年來約聘公務員的惡劣勞動環境，也已經成為社會問題。二〇一二年起，某民間團體發起「黑心企業大賞」活動（至二〇一九年為止共舉辦八屆），隔年「黑心企業」一詞，獲頒了日本新語和流行語等獎項。「黑心企業」的對照是「良心（白色）企業」（White Enterprise），指的是遵守法令、員工福利佳的職場。

「黑心企業／良心企業」（Black ／ White Enterprise）這種用詞表現，有個很明顯的前提是「黑色＝惡」、「白色＝善」。不過，「Black Enterprise」一詞在英語系國家中，指的卻是由黑人經營、主力客戶是黑人的企業。把「Black」當作負面詞使用，會被視為有「種族歧視」之意。

居住在日本的黑人等，針對「黑心企業」、「黑心打工」等詞提出抗議後，關於黑色的用詞問題才廣為人知。長期針對「黑心企業」進行批判的社運人士們，原本應該換一個更貼近政治正確的用詞，但目前尚未有人提出類似的建議，所以雖然聽起來令人不舒服，大家仍繼續沿用「黑心」一詞。

如前文所示，要為不同膚色人種的相關用詞取名，實在是一件非常棘手的事。

黑人和亞洲人是ＰＯＣ

所謂的種族主義（Racism），意指根據生物學上的差異，對人種（Race）進行分類和優劣排比。西方中心主義（殖民主義）以白人為尊，除此之外一律概括為「有色人種」（Colored Races）。昔日殖民主義時期有一種看法，認為白人在生物學上比其他人種優越，這也賦予了白人支配、啟蒙有色人種（尤其是非洲人）的正當性。

雖然殖民主義把種族二分為「白人與非白人」，可是追求「種族正義」的人權運動者，卻同樣因循了此一分類（甚是奇怪）。原因在於左派所抱持的觀點：享有「特權」的白人，正支配並歧視著有色人種。

如此一來，受到白人歧視的群體就會需要一個總稱。從前曾經使用「有色人種」（Colored People）當總稱，但在該用詞被視為歧視語之後，近年來開始使用「異色人種」（People of Color）替代（簡稱為「ＰＯＣ」）。不過翻譯為日語時，卻會產生問題。由於ＰＯＣ原本就有意避開使用「人種」（Race）一詞，所以「異色人種」並不是個適當的用詞。話雖如此，改成「皮膚有顏色人士」（色つきのひとたち）、「有色人」等也行不通，因此目前似乎沒有一個固定的日語翻譯。

之所以會產生出這種混亂，是因為政治正確中有一條規則：「人種是社會建構下的產物，不得當作生物學上的分類使用」。結果，現今自然科學領域中的學術論文，

「人種」（Race）和「種族」（Ethnicity／Ethnic Group）等詞，幾乎已消失無蹤。

二〇〇二年，有一群遺傳學者團隊透過基因解析，分析了全球族群樣本。他們以基因頻率（Gene Frequency）差異進行機械式分類後，發表了分組出來的群（Cluster）與一般認知的人種類別，亦即「非洲人」、「歐洲人」、「東亞人」、「大洋洲原住民」、「美洲原住民」有緊密的關係。由於從中顯示了先人們生活在何處，因此該分組稱為「大陸系統（Continental Ancestry）」[27]。

為何一般認知的人種類別會與大陸系統一致呢？原因是智人（Homosapiens）在六萬年前左右離開非洲，分別遷徙至歐亞大陸、美洲大陸、大洋洲等地之後，便在各個大陸（相對於他處的智人）完成獨自進化。進化的結果在外表上呈現出差異，例如：皮膚、頭髮和眼睛的顏色等。由於這些差異屬於基因遺傳，因此只要解析DNA，自然而然地就能循著大陸系統分組。

近年來，大陸系統以「Human Population」（或單只稱 Population）稱之，翻譯成日語是「ヒト集団」（人類人口）。現在這個詞，不僅可說有更嚴格的學術定義，或許也能單純地把它視為，它代換了引起爭議的用詞「人種」（Race）。

順性別與跨性別

人類是（地球上）唯一透過語言溝通思考的生物，所以當人們對政治正確規則變得敏感時，先前毫不在意的細枝末節用詞，也會成為嚴重的問題。雖然這種情況在種族議題上尤其明顯，不過於性別議題方面卻也不遑多讓。

男性與女性，原本就存在著生理性別（Sex）差異。一般認為從這個基礎上，產生了社會文化的性別差距，即性別（Gender）。不過女性主義者當中，有一部分並不承認生殖器官以外的生理性別差異（特別是大腦的差異）。於是從中形成了某種氣氛，認為強調男女性別差距一事本身，就是違反政治正確。

由於性少數族群漸漸受到人們注意之故，關於性別的討論亦變得更加複雜。性少數族群平權社會運動，始於一九六〇年代，由美國的男同性戀（Gay）族群發起。

關於同性戀，聖經《哥林多前書》中明載：「不義的人不能承受神的國……親男色的……」由此可知基督教文化圈中，認為異性戀才是唯一正確的性行為，同性戀只是性方面的嗜好（興趣），能透過當事者的意志矯正。另一方面，同性戀社運人士則主張，同性戀者的性取向是與生俱來，無法以當事者的意志改變，同性戀與異性戀均擁有平等權利（人權）。

爾後，該運動普及至女同性戀（Lesbian）、雙性戀（Bisexual）、跨性別者（Transgender）等，並合稱為「ＬＧＢＴ」。不過，其中跨性別者的性別決定，並非是性取向，而是性別認同（GenderIdentity）。

「順性別」（Cisgender）是指生理性別與性別認同一致，其中不只有異性戀者，亦包含同性戀者（生理男性或生理女性，把同性當作性愛對象）。相對地，「跨性別」（Transgender）是指生理性別與性別認同不一致的人。於分類方面，異性戀（Heterosexual）和同性戀（Homosexual）是以性取向區分；順性別者和跨性別則是以性別認同區分。

在這種情形下若以性別認同區分，順性別者是多數族群、跨性別者是少數族群。順性別底下還會再衍生出另一個層次結構，該層次以性取向分類，異性戀者為多數族群、同性戀者為少數族群。

性少數族群稱呼變長的原因

近年來有觀點認為，性向（Sexuality）是一種連續分布，其分布的邊緣端有各種不同的性少數族群。然而在這種理解下，性少數族群的分類可能會變得愈來愈多。「ＬＧＢＴＱＩＡ＋」一詞為性少數族群的總稱，是在ＬＧＢＴ之外再加上Ｑ＝

酷兒（Queer；偏離主流規範的性樣貌者）／疑性戀（Questioning；對自身的性別認同和性取向疑惑不定）、Ｉ＝雙性戀（Intersex；出生時先天狀態如內外生殖器官、染色體、荷爾蒙等方面，不同於解剖學上的「男女性」定義）、Ａ＝無性戀（Asexual；對他人不抱有性慾望）／無浪漫傾向者（Aromantic；對他人不抱有戀愛情感）；最後的「＋」，是指前述之外的各種性別與性向者。

愈來愈長的稱呼，是個時常被拿來諷刺「社會正義」運動荒謬的絕佳例子，然而其中卻存在著關於性別認同的嚴肅問題。

例如，據說外生殖器官明顯與常人不同的雙性戀，占了人口的百分之零點零五（每兩千人中有一人），不過要是把範圍擴大至「醫學定義之非正常生殖器官」，該百分比會上升到百分之〇・三（大約每三百人中有一人）。相對地，跨性別者的百分比一般推算約有百分之〇・五（每兩百人中有一人）。

倘若如此，就迴避不了這個問題：「性少數族群類別中（例如：ＬＧＢＴ），納入Ｔ（跨性別）卻排除掉Ｉ（雙性戀）的理由到底是什麼？」實際上，對於「ＬＧＢＴＱ＋」一詞，有雙性戀平權人士提出抗議，表示自己這一群人不單只是個「＋」。於是在諸多充分理由之下，近年來的遊行運動（支持性少數族群擁有「活出自我權利」的遊行）便開始採用「ＬＧＢＴＱＩＡ＋」。

「身心障礙」是否為歧視用語

稱呼用詞方面比性別（Gender）更困難的是，要如何稱呼身心障礙者。日本從以前開始，就已經在討論「身心障礙」（障害／Syougai）一詞本身的不適切性。

日語的「身心障礙者」（障害者／Syougaisya）一詞中有個「害」字，某些身心障礙者覺得這個字與「害蟲」、「危害」等相同。因此，後來便援用「障碍者」、「障がい者」（兩字發音同「障害者」）來替代。

「障碍（障礙）」的日語發音亦可讀作「Syouge」，佛家語解作「造成妨礙之事物」。「障がい」即「障碍」，由於「碍」在日語中是個艱澀難讀的漢字，因此寫成平假名以利人們發音。

不過日本直到二戰前為止，都使用「不具廃疾」（註：不具與廢疾，均表示無功能）一詞，來指稱身障者和精障者（一九八二年修法改為「重度障害」）。「障碍者」和「障害者」兩個詞，實際上幾乎無人使用。及至戰後，由於日本的《當用漢字表》採用了「障害」一詞，並落實為法律用語後，「障碍」這個寫法便漸漸不再使用。

但某些人還是對稱呼中帶有個「害」字感到難以接受，日本政府也理解這一點，爾後在二〇一〇年的「障害者制度改革推進會議」中，便針對「障害」的用詞表達方式，聽取相關團體與人士的意見[28]。該會議中，意見分為兩派無法達成共識；一派主張應該要更改為「障碍」或「障がい」，另一派則主張保留現行的「障害」即可。不過，兩派仍有看法一致之處：採用平假名「しょうがい」（Syougaisya）作為新用詞的決定是不切實際的。

而地方公共機關和企業均贊成更改用詞，原因是相關團體表達了強烈訴求，希望不要使用「障害」一詞，以迴避「害」字帶有的負面形象等。

另一派主張保留現行「障害」的理由是，實務上援助救濟、制度改革等重要議題已堆積如山，在這當中並無能修改大量法律用詞的餘裕。況且，「障」這個漢字（如同日語動詞「障る」）還是有「造成妨礙」、「導致不良影響」等負面意義，單單只是換掉「害」字，日後仍會產生同樣問題。

其中部分專家學者與相關團體則表示，由於社會大眾的認知已經改變，目前「障害」這個用詞並無不妥。由於這一部分，與身心障礙的「醫療模式」、「社會模式」等重要論點有關，所以接下來讓我們再稍微深入探討。

變換用詞也解決不了的問題

所謂的「身心障礙」（障害）指的是，由於疾病、受傷、先天因素等「致使行事上受到妨礙」。英語稱此為「損傷」（Impairment／功能障礙），若能透過義肢（手足）、助聽器、將電極插入大腦視覺皮層以感知外部影像的科技等恢復「功能」，問題便能解決。以上敘述為醫療模式，認定「問題」屬於個人，若能透過醫療和科技使問題消失，身障者就可以恢復「正常」。[29]

相對地，另一種對「身心障礙」的理解是：「行事上由於社會因素而遭受到妨礙」。英語中稱此為「失能」（Disability／社會性障礙）。

舉例來說，一般人走路或搭公車到車站，再轉乘電車至目的地，都很理所當然。可是，若道路上有高低落差、車站沒有設置電梯等，輪椅族說不定就無法做到相同的事。

經濟學家阿馬蒂亞·森（Amartya Sen）認為，每個人都擁有不同的潛在能力（Capability），他提倡我們應該把目標放在：建立一個人人都能平等發揮潛力的社會。輪椅族一樣擁有潛力，並且有出門、去咖啡廳與朋友喝咖啡的需求、享受看電影或購物的樂趣。倘若他們無法達成這些事，這就不是個人的問題，而是社會的問題[30]。

身心障礙的社會模式認為，應該要打造一個「包含」（Inclucive）身心障礙者在內，能發揮潛力的「無障礙」社會。在此一理解下，「障礙者＝遭遇社會因素障礙而受害的人」；基於此，障礙者一詞無疑是正確用法。本書也是秉持著社會模式的含意，使用「身心障礙者」這個字。

因為身心障礙者的稱呼而引起爭論一事，並非是日本獨有的問題。英語中的身心障礙者以「Disabled」稱之，但由於這個字是「Abled」（有能力）的相反詞「無能力行事」，所以普遍認為必須換詞，以改變這種負面的既定印象。不過，「Disabled」一詞之所以會被創造出來，就是因為原本使用的「Handicapped」（手裡拿著帽子的人，亦可指乞丐）帶有歧視意味。

於是，人們便接連嘗試變換各種具正面意義的用詞，例如：「Differently Abled」（具有不同能力者）、「Uniquely Abled」（擁有獨特能力者）、「Otherly Abled」（持有其他能力者）等。另外，不僅有「Special Needs」（有特殊需求者）、「Challenged」（挑戰障礙者），還出現了一個新詞「Handicapable」。這是「Handicap」（手裡拿著帽子的人）與「Capable」（有能力／才能的人）兩字組合的新詞。再者，自由主義派媒體提及身心障礙者時，亦開始加上一些具正面意義的形容詞，例如：「Heroic」（英雄的）、「Special」（特別的）、「Inspiring」（鼓舞人心的）等。

可是對於這股潮流，身為當事者的身心障礙族群卻開始出聲抗議。據說他們認為自己這一群人既非英雄，活著也不是為了要鼓舞他人；而且「Challenged」這種稱呼方式，就像被逼著要去挑戰什麼似的。

所以這些具正面意義的用詞，又被視為「不適切」，於是人們再度回頭使用原來的「Disabled」。這一波折極富啟發性，值得借鏡思考：如日本因「障害者」用詞而引起混亂。有關身心障礙者的問題，應該要聚焦在如何援助他們並展現社會包容，只把負面用詞改為正面用詞並不能解決問題。

語言即權力

於歧視問題上，總是周而復始地伴隨著用詞的爭執，不管是種族、性別、身心障礙等問題，抑或（受歧視的）部落、在日朝鮮／韓國人等議題。究其原因，人類是使用語言溝通的動物，是否要接納或排除某些人，均透過語言表示。從這一層意義來看，語言本身即是「權力」。

隨著社會的自由化，國家透過法律和社會制度，排除少數群體的「重大歧視」已逐漸減少（雖然不是全部）。近來企業部門在特定問題上亦謹慎注意，以免被批評有「歧視」之嫌（然而依舊時常引發論戰）。

如此一來，當「看得見的敵人」消失之後，「鬥爭」的目標便轉而逐漸擴大到「看不見的敵人」，例如：「無意識的偏見」、「隱藏性的歧視」等。這大概就是人們會過度聚焦於用詞的原因吧，然而如前文所示，此類對於「用詞」的批判，或許只會使多數族群覺得是在故意找麻煩。

日本方面，於一九九〇年代，曾因部落解放同盟等團體糾舉、彈劾歧視語，而引發針對「文字狩獵」（註：類似文字獄）的反彈。據說當時的「糾彈鬥爭」後來徒具一副空殼，演變成「為批判而批判」，只是在抓人語病。

其實筆者從事編輯工作的那段時期（一九九〇年代後期），曾參與過屠宰工會的「糾彈會」，被檢討的對象是報社與出版社。該場合中，認為有問題的語詞表達是：「士農工商」一詞的使用方式（除歷史用語之外的比喻用法均是歧視），或類似「就像牛隻被帶去屠宰場」等的表達方式（將屠宰家畜視為是殘酷的事情）。

縱使日語動詞「屠る」（Hofuru）的意思是把家畜的生命獻給神，但加上「殺す」（Korosu）這個負面動詞之後的「屠殺」一詞，就變成了歧視語。不過，屠宰場工會理事長也對我們說明，某些用詞無需拘謹地代換為「食用肉品解體場」、「食用肉品解體業者」等詞，使用「屠宰場」、「屠宰人員」即可[31]。

在這股自由化浪潮中，當性質重大的歧視逐次消失，圍繞在某些細微處的歧視爭執，必定就會遍地開花。那些爭執一旦觸及用詞層次，如前所述，何者屬於或不屬於歧視，甚至連當事者內部的意見都不一致。對於部分人士而言可能是個（極為）重要的問題，但大概也有一定數量的人覺得「無所謂」吧。

隨著政治正確規則愈趨於嚴格，必然會與「表現自由」發生衝突。因此下一章，筆者將探討一樁發生於近年的案例，是針對現代藝術家會田誠的作品「犬」系列的取消運動以及來自創作者本人的反駁。

最後請容筆者在此聲明，本章中所述內容純屬個人見解，無意謀求特定用語和用詞的「正確性」。

PART3
會田誠的取消騷動

二〇一三年一月，東京森美術館舉辦了一場個展「會田誠：生為天才，我很抱歉」。對此，「色情被害暨性暴力救援會」（二〇一七年起成立NPO法人「PAPS」）表示，部分展出作品「不僅具有殘虐性兒童色情，更帶有極端下流的性別歧視與身心障礙者歧視」。該會於是正式向館方提出抗議書信，要求「撤除明顯傷害女性尊嚴的各件作品」[32]。

會田誠是現今日本最知名的當代藝術家之一；森美術館是日本最有名的私人美術館之一，位於六本木Hills森大廈五十三樓。森美術館盛大舉辦的個展卻遭到民間團體抗議，該展覽因此受到了廣大的關注（至少在藝術圈相關人士之間）。

四肢被截斷的全裸美少女

當時擔任森美術館館長的南條史生，在個展目錄中不僅以「現今最受矚目的日本當代藝術家之一」描述會田誠，並表示「他的作品主題跨界又吸引人，像是美少女、歷史、戰爭、漫畫、上班族等。其中不僅融入幽默，對於圍繞在我們周遭的社會、政治、文化等狀況的質疑與批判亦暗藏在內。」南條館長藉此說明該個展的意義在於，介紹會田誠自一九八〇年代後期起，歷經二十年以上的「創作軌跡」[33]。

其實對會田誠來說，當時的展出是他第一次的大型個展。原因是會田誠的創作中，有某些作品會令人猶疑是否適合展覽（他本人亦持相同看法）。

按照展出目錄的分類，這些有疑慮的作品，多數都被匯整到「美少女與殘虐性愛慾與怪誕」這個部分。不過，以〈犬〉為題的系列作品尤其引起爭議，因為作品中畫的是一名四肢被截斷的全裸美少女，她的脖子上不但繫著連接狗鍊的項圈，並且還擺出像狗一樣的姿勢。

對於會田誠的各件作品，以下是民間團體的批評：

① 透過畫作公然散播兒童色情之外，亦是對於年輕女孩的性虐待和商業剝削。
② 除了讓畫中少女（＝女性）全身赤裸，還截斷她的四肢，繫上項圈當作狗對待。此舉「不僅以一種用最露骨並且暴力的形式，使女性成為性從屬，更是把女性視為非人類的性玩具和洩慾動物」。
③ 這些作品，是對「四肢有缺陷的身障者」的歧視和侮蔑行為。
④ 像森美術館這般具有公共性質的設施，卻展示此類「帶有二重、三重歧視與暴力的作品集」。這等於是「公開向社會大眾表示，美術館認同

類似的歧視與暴力，積極地將其正當化，並鼓勵社會對年輕女孩進行性剝削，對女性施行暴力與歧視以及侮蔑和歧視身障者」。

⑤作品中也有露骨描繪女孩陰部的作品，這有可能會觸犯（日本）刑法中的「猥褻物頒布罪」乃至於「猥褻物陳列罪」。

針對前述抗議，森美術館以南條館長署名的「回覆」答辯：「很多時候，當代藝術會刻意採用實驗性、批判性、挑釁式的觀點，凸顯我們所處的現代社會中的諸般問題，而且往後仍然會有尚未定論的各種觀點出現。」文中也指出，美術館的意義在於藉由藝術產出「對話與討論的機會」，並自我期許：「今後本館也會陸續向社會各界介紹多種當代藝術作品，發揮美術館作為討論對話平台的功能。」[34]

縱使此番文書往來，在民間團體與森美術館之間開了一條溝通管道，但雙方的主張最後依舊成為兩條平行線，會田誠的個展更是毫無變動，如期舉辦——這就是整個事件的大致經過。

對於平台的抗議

在針對會田誠個展的取消運動裡，受到抗議的對象並不是創作作品的藝術家，而是展覽作品的美術館。於意見交流的場合中，民間團體不但沒有要求會田誠出席，亦沒有提供機會給創作者本人直接說明作品的意義。

會有這種情形，大概是因為該抗議出於自由主義派，在某個程度上，他們必須得顧慮到「表現自由」吧。如果溝通的對象是創作者，對方理應會主張「該表現在藝術上有其必然性」。如此的話，抗議者就會變成壓抑表現自由的一方。所以把抗議矛頭指向平台（美術館），便是採取避免此一情況的戰略。

二〇二二年四月《日本經濟新聞》某週一的早報上，不僅刊登了斗大標題：「希望這一週也是美好的一週。」還附上一個穿著迷你裙、挺著巨乳的微笑女高中生巨幅漫畫人物當背景。這幅講談社漫畫《週一的波濤胸湧》的全版廣告，除了在社群媒體上掀起一陣撻伐：「帶著有色眼光看待女高中生令人作噁」等，聯合國婦女署（UN Woman）亦加入抗議行列[35]。這起抗議事件與前例相同，發起取消運動的一方，針對的也是作為平台的報社，而不去觸碰漫畫內容或作者的性別意識。

類似的事件，也同樣發生在右派與保守派陣營。二〇一九年「愛知三年展」（二〇二二年起改名：國際藝術祭「愛知」）企畫的「表現不自由展・其後（表現の不自由展　その後）」，由於當中展出了慰安婦塑像、「燃燒昭和天皇照片並用腳踩踏照片灰燼」的影像作品，結果演變成重大的政治社會問題。同前案例，創作作品的藝術家們幾乎都被無視，所有批評均聚焦在主辦者愛知縣知事大村秀章身上，甚至引發罷免連署（但提交給選舉管理委員會的連署書中，被發現有八成以上的簽名是偽造的，相關人員因而遭到逮捕）。此外，以日本自民黨為主的保守派政治人物亦強烈反對該展覽，日本文化廳於是決定撤回所有補助款。

但有一案例剛好相反。二〇二一年十月，品川車站內走廊的顯示器看板上，秀出了一則廣告：「您期待今天的工作嗎？」隨後被人以「社畜走廊」為題合併照片分享至社群媒體，結果引起一片譁然，大罵該廣告。與前例不同的是，遭受抗議的不是作為平台的車站經營業者JR東日本，而是刊登廣告的企業。由此可知，如果不涉及「表現自由」的問題，遭到批評抗議的自然就是當事者。

從前文中可清楚瞭解到，無論取消抗議來自於左派還是右派，取消文化更像是一種政治性的運動，而非道德性的活動。不過，近年來的現代藝術基於某些原因，例如：殖民主義、種族歧視、性別歧視或不當處理的大屠殺議題等，創作者本身成為取消對象的案例也愈來愈多了[36]。

藝術家為何要捍衛「藝術」

取消運動把問題矛頭指向平台時，儘管創作者本人就是當事者，卻常被晾在一旁。會田誠於是決定在自己的著作《性與藝術》（二〇二二年出版）中，說明《犬》系列的創作用意[37]。

我當然曉得——不要由創作者本人來解說自己的藝術作品比較好。所以這種沒品的娛樂，我一輩子只會做這麼一次。如果要讓原本該安靜擺著為宜的藝術品說話——一旦允許它做這件事——即使只是一件作品也會變得喋喋不休，但就由我來做最壞的示範給大家看吧！跟得上我的人再跟過來便可。

會田誠之所以不惜打破成規也執意要解說作品，可能是因為他覺得自己的「藝術」被那些抗議全面否定吧。

其中，宮本節子（色情被害暨性暴力救援會營運代表）在發送給森美術館並公開在網路上的個人抗議聲明中，表示「諸如此類的『作品』，我堅決不會持肯定的態度評價其為『藝術』。」以下是宮本批評會田誠的部分聲明內容[38]。

沒有必要為了滿足個人的性癖好和興趣，在公開場合中把一個擁有人格的人類當作玩物。我不會去否定個人的性癖好和表現自由，但當事人私底下偷偷地做就好。不過，就算私下偷偷做也還是要有個最起碼的底限，所以若能夠只用腦袋的妄想解決，就那麼做吧。無論在任何情況下付諸行動（創作表現），都絕不能威脅到人類的尊嚴。

會田誠畫作中的美少女，是否為「一個擁有人格的人類」，應該會有各種爭議吧。然而，即使撇開法律上與哲學上的問題，「不能威脅到人類的尊嚴」的這項主張，毫無疑問地非常具有說服力。

假設〈犬〉系列創作並非「藝術」的話，那麼會田誠就只能全盤接受抗議者的主張了。或許是基於這項考量，所以他就算再怎麼灰頭土臉，也要透過文章跳出來捍衛自己創作的「藝術」吧。

「日本畫」非日本固有的繪畫

會田誠於一九六五年出生在日本新潟縣鄉下，高中畢業後重考一年，進入東京藝術大學油畫科系（繪畫科專攻油畫），一九九一年研究所畢業。順帶一提，第一章的音樂人小山田圭吾，於一九六九出生於東京，是個從小學開始就上私立學校的「摩登男孩」（Modern Boy）。雖然兩個人的生長環境大相逕庭，但是他們都在青少年時期體驗過日本八〇年代的次文化。

讀者可能會覺得訝異，為何筆者要在剛才的人物簡介中，特別提到「鄉下」和「重考」呢？因為在探討會田誠的藝術時，這將是個重要的背景。就像他在自傳性色彩濃厚的小說《藝祭》中，塑造的青年主角：以藝術家為職志，從新潟縣佐渡島來到東京，考了兩次藝術大學卻都落榜[39]。這名反映出會田誠年輕時期的青年角色，帶著落榜怏怏不樂的心情，接受了在升學美術補習班認識的同學之邀，前往多摩美術大學參加學園祭（俗稱「藝祭」）的最後一日。

這位青年若因為當夜發生的事死去，一點也不令人覺得意外。然而他不但活了下來，還因此掌握到本身藝術風格的一鱗半爪。這部小說之所以會和《性與藝術》同時間撰文，大概亦非偶然吧。面對〈犬〉系列創作遭受批判，《藝祭》無疑是另一種形式的回覆。

一九八〇年代中葉，在當時想成為藝術家的年輕人面前，有兩道難以撼動的阻礙擋住去路。

其一是十九世紀後半葉，始於法國印象派畫家克勞德・莫內等人的藝術革命（繪畫的典範轉移）；一般認為，此革命的完成者是巴勃羅・畢卡索（Pablo Ruiz Picasso）。人類所能想到的藝術實驗，例如：立體主義（Cubisme）、超現實主義

（Surrealism）、俄羅斯前衛藝術（Russian Avantgarde）、抽象畫等，幾乎全在這一百年間完成。倘若如此，那「藝術」到底還剩下些什麼？

其二是日本的老問題——所有「藝術」均借鏡自西洋文化。會田誠在小說《藝祭》中，描寫了一幕主角受到震撼的場面：該青年聽到年輕美術老師解釋，「日本畫」非日本固有的繪畫，而是一個於明治時代經由人工創造出來的繪畫領域，目的是為了要對抗「西洋畫」。在東亞邊緣地帶生產「藝術」的人，無論產出的是西洋畫抑或是日本畫，皆逃不出西洋文化的手掌心。

假使無法突破這些障礙，那麼說到底，從事「藝術」不就沒意義了嗎？這個問題是《藝祭》中的青年，或可說是青年時期的會田誠，存於心裡的疑惑。在多摩美術大學藝術祭度過奇妙的一夜之後，青年認定了那項經驗，正是發現自身藝術風格的關鍵，所以才下定決心朝著成為藝術家的道路前進。然而當時的會田誠，在進入藝大的油畫科系就讀後，卻無法理解課堂中教的「二十世紀世界美術潮流」。

讓會田誠在那一番糾葛中劈出破口的，就是他在研究所時期（一九八九年）創作的〈犬〉系列第一部作品。

以「變態」超越東方主義

會田誠在《性與藝術》一書中提及，創作〈犬〉的首要意義是「解構日本畫」或「日本畫維新」。筆者是藝術方面的門外漢，但若要筆者對他著作的理解範圍進行敘述，其內容大概會如後文。

既然近代繪畫和當代藝術皆源自於西歐，日本藝術家就只有兩條路可走：維妙維肖地模仿西歐或是強調「日本」的獨特性。可是那些「日本化」的東西，從西歐人眼中看來，畢竟只是一種帶有異國情調的東洋文化。這是出生於巴勒斯坦的文學研究學者，愛德華・薩依德（Edward W.Said）在《東方主義》（Orientalism）一書中提出的問題：即使是藝術世界，在西歐人能夠理解的「日本」範圍之外，該藝術是不存在有容身之處的[40]。

在東方主義的思維之下，比起西洋畫，（近代）日本畫只有更服從西方中心主義一途。這就是需要「解構日本畫」或「日本畫維新」的理由。

然而，會田誠究竟改變不了自己出生成長於日本，是日本人的這個事實。既然如此，唯一的可行之道就是：至少堅守「日本」的特質並且超越東方主義。

此時，浮現在會田誠腦海中的是，他自青少年時期開始就十分熟悉的日本次文化。日本的漫畫、動畫等在今日被稱作「酷日本」（Cool Japan），而會田誠顯然沒有遺漏掉隱含在其中的幽晦祕密——「蘿莉控」與「變態」。這於是勾起了他一股靈感：「以日本畫的風雅格調，描繪低俗變態的繪畫主題」。

日本繪畫的傳統（日本古代藝術）裡有一種情色主義，浮世繪的春畫就是其中的代表。畫作裡的那種「背德性和變態性」，不同於西洋繪畫中展現的愛慾。這種「陰濕變態特質」，不僅能在川端康成的小說讀得到（如《禽獸》等），二戰後的次文化亦繼承了該特質。會田誠大概是想透過暴露這種祕密，以達到「解構日本畫」的目的吧。

明快呈現出這種特質的，是會田誠的代表作之一〈巨大富士隊員ｖｓ王者基多拉〉，這幅畫作與〈犬〉一樣經常遭到批判。作品中把特效電視影集《超人力霸王》的女主角，也就是科學特別搜查隊（科特隊）中的一點紅，唯一的女富士隊員巨大化。然後，讓出現在電影《哥吉拉》裡的三頭宇宙怪獸王者基多拉，與巨大化的女富士隊員雙雙交纏。該怪獸除了將其中一個頭插入女富士隊員的陰道，剩下的頭還把她的內臟拖出來啃食，不過女富士隊員卻面無表情地望向空中（畫作裡的王者基多拉有五個頭）。

收錄在葛飾北齋的豔本《喜能會之故真通》裡的一幅春畫〈章魚與海女〉，就是畫了兩隻章魚纏在一名全裸的海女身上，其中一隻章魚的嘴還吸吮著海女的生殖器官。〈巨大富士隊員ｖｓ王者基多拉〉，即是這幅江戶時代名春畫的翻版。作品的意圖顯而易見地表達出，一般認為「適合兒童」的《超人力霸王》和《哥吉拉》裡，亦幽晦地隱含著情色主義。

為何截斷少女的四肢

「日本當代藝術史上問題最大的作品」（《性與藝術》的書腰文案），在被如此描述的〈犬〉作品中，某些地方就像〈巨大富士隊員ｖｓ王者基多拉〉一樣，有不允許使用「邏輯性理解」進而引發觀者不安之處，因為那名脖子繫著項圈、姿勢模仿狗的美少女，四肢是被截斷的。

永井豪的漫畫《暴力傑克》（バイオレンスジャック／於一九七三到一九九〇年間斷續連載）中，曾出現過名為「人犬」的角色。該角色由於背叛魔王而受到懲罰，四肢從關節處被截斷，並在全身赤裸的狀態下，脖子被套上項圈，然後遭貶為家畜。在這一點上，會田誠的〈犬〉常被批評為是永井豪「人犬」的翻版或「剽竊」。但會田誠在《性與藝術》中說明，他的創作靈感來自一則日本八〇年代廣為流傳的都市傳說：「某位日本年輕女性前往印度（有一說是中國）旅行時失蹤，過了幾年之後，有人發現她出現在畸形秀上，但那時她已經被肢解成一隻『人彘』。」

無論該靈感來自何方，有關截斷四肢與藝術的關係，筆者不認為會田誠在《性與藝術》中已做了充分說明。對於〈犬〉的批判，焦點大多集中在截斷四肢上，但關於這一點，他在書中僅用幾句話帶過，例如：「(「解構日本畫」、「日本畫維新」的）狼煙，最重要的就是「凸顯」，最該避免的就是「曖昧性」。無論是美少女、SM抑或截斷四肢，都只不過是為了達成凸顯，事先透過算計而選擇的主題罷了」、「軟性的情色中，往往會與「傳統藝術」混雜在一起，由於問題不至於尖銳化（中略）……所以我便刻意選擇了一些與人道主義極端對立的主題，像是獵奇志怪的都市傳說或可以在古代中國歷史中讀到的「肢解」等。」

有關截斷四肢這一點，應該也有人贊成這種看法：「殺人是不可原諒的，但難道在（娛樂性的）懸疑推理劇中描述殺人情節就沒問題嗎？」殺人一事，至少在某種程度上與截斷四肢都同樣為「惡」吧。倘若如此，那為何大家能接受電影中的殺人情節，卻不認同繪畫中的截斷四肢呢？

這個推論從邏輯上來說（本身）就非常有力，但要讓大多數的人能夠理解，還是有一定的難度吧。

會田誠的作品在日本內（特別是被稱作「御宅族」的圈子中）的評價很高（相對於此，如會田誠自己承認，他在國外並不太出名）。原因大概出於，承認自己是「鄉巴佬（變態）阿宅」的會田誠，把自身的複雜情感，通過作品率直表現出來的緣故吧。敢於表現的會田誠，在知識分子階層（包含女性）也擁有很多的粉絲。儘管如此，他援用藝術論捍衛「截斷四肢」的表現手法時，難道不會有所猶豫嗎？

一九九〇年代，非洲獅子山共和國的反政府武裝組織，剁掉某些地區居民的手腳，讓歐美記者拍照的離譜行徑後來廣為人知。那夥人稱為「Cut Hand Gang」（剁手幫），其目的在於透過媒體吸引國際社會關注「他們的悲慘」，以獲得來自各人道救援組織的資金[41]。

圍繞在創作作品周遭的「文脈」，是會隨著時代不斷改變。但把美少女「截斷四肢」當作是情色主義的提示，並且還進一步在美術館中展出；從現代政治正確的規則來看，人們究竟還是很難接受吧。

於是，當中就浮現了一個問題：「可接受的藝術」與「不可接受的藝術」，界線到底在哪裡呢？

燃燒天皇的照片是否也算表現自由

民主社會中，人民的「抗議權」廣泛獲得認可實屬理所當然。針對造成不愉快，促使人嫌惡等事，出聲抗議表示「不想看」亦是基本人權之一。然而這種權利，卻偶爾會與民主社會裡的另一項基本權利「言論與表現自由」，發生正面衝突。

二〇一九年，愛知縣主辦的國際藝術祭「愛知三年展——表現不自由展・其後」中，由於展出了以從軍慰安婦少女作為主題的「慰安婦像（和平少女像）」、冒犯昭和天皇的作品等，因而引發來自於右派與保守派的大規模取消運動。

爾後，針對展覽的抗議愈演愈烈，甚至有人揚言要放火燒會場，使大眾聯想起先前才發生不久的「京都動畫公司縱火案」。於是擔任藝術祭執行委員會主席的愛知縣大村知事，僅僅考慮兩天就決定中止展覽（大約於藝術祭閉幕前一週，才有限制性地重啟展覽）。

中止展覽即代表主辦方屈服於抗議活動，大村知事的決定，因此引來了國內外無數撻伐。可是若考量到現實面的疲弊，例如：電話服務中心得應付一種稱為「電話突擊」的抗議電話、警備人員要處理接二連三的恐嚇威脅等，大村知事除了中止展覽之外無法可施[42]。

此處有一點應該要先瞭解，無論是自由主義派，或是右派、保守派，兩陣營的批評對象均為大村知事。但自由主義派的觀點是，大村知事該為展覽無法繼續展出負起責任。若姑且不論恐嚇威脅等違法行為，站在捍衛言論與表現自由立場的自由主義派，是無法對右派與保守派主張：「你們沒有權利抗議，要大村知事中止展覽」。

使得問題更為艱難的是，與慰安婦像同時展出的另一件作品，是大浦信行以昭和天皇為主題的創作。雖然右派與保守派當初以慰安婦像是「反日」為由，要求主辦單位撤除；但針對這一點，自由主義派也能反駁說，該要求是「歷史修正主義」、「否定女性的人權與尊嚴」等。

不過在這之後，一部「燃燒昭和天皇照片並用腳踩踏灰燼」的影像作品，卻被保守派媒體等拿來大做文章。

關於該影像作品，大浦曾表示作品的靈感來自過去本身的創作（「懷抱遠近」：昭和天皇照片的拼貼畫）。由於當時的創作遭到右翼團體和神社相關人士等抗議，美術館便採用焚燒的方式銷毀已製作好的圖錄。「燃燒既是一種注視、確認的神聖行為，亦是一種祈願。藉著燃燒，可以讓懷抱在自己心中的天皇昇華。」縱使大浦做了以上說明，卻完全沒有引起迴響[43]。可能因為如此，所以批評方才會判斷，與其將（幾乎）沒沒無聞的藝術家當作抗議對象，倒不如向縣知事抗議還來得更有效。

由於右派與保守派的抗議迂迴避開了「歷史問題」，因此自由主義派便無計可施。假使撤除慰安婦像的展覽，由於韓國政府也曾表明過日本對於歷史的認知令人堪憂，自由主義派就能藉此展開「客觀公正」的言論。然而，在「冒犯昭和天皇」這個議題上，大眾媒體卻有可能會因為顧慮到讀者和觀眾的反彈，而不得不考量是否要以「表現自由」這點作為支持來展出。

當時右派與保守派主張他們所抗議的是：愛知縣縣民繳納的稅金，被用在這種有傷害「身為日本人驕傲」之虞的展覽上，而並非反對「表現自由」。倘若按照這個邏輯，那麼在私人場館展出的話就不會構成問題，實際上也有右派的名嘴表示過類似的看法。可是當民間相關團體，設法尋求在大阪和東京開辦「表現不自由展」之際，卻發生了多項脅迫行動，例如：右翼的激進抗議活動、在社群媒體上留言要「釋放沙林毒氣」等。右派聲稱要「守護表現自由」單純只是便宜行事，實際上根本空口無憑。

大肆在網路上從事抗議活動（帶風向），因而獲得支持的部分右派與保守派，藉勢推動愛知縣大村知事的取消運動（罷免）。但由於連署人數不如預期，他們便鋌而走險做出違法行為，雇用兼職人員大量偽造簽名。對右派與保守派而言，這不但是個致命的醜聞，政治意識形態的對立，看似也在網路上不斷發酵，然而「一般大眾」卻幾乎對此無動於衷。後來，這變成了一個具代表性的取消運動案例。

反擊永無止境的謾罵攻訐

無論是會田誠的〈犬〉、慰安婦像、燃燒昭和天皇照片之類的藝術，想看的人去看即可（不想看就不要去），該展覽根本什麼問題都沒有——言論與表現自由的基本教義派，可以採取他們一貫的這個態度；不過大概還是有很多人，無法認同這種自由至上主義者（又稱自由意志主義者／Libertarian）的觀點吧。

一般認為，民主政治（Democracy）來自於人民自由開放的言論，民主政治應當包容許可不同政治立場的主張。事情的正確與否，理應透過討論決定；不管是自由主義派，還是右派與保守派，都不能高抬己方的主張為正當，貶抑對方的主張為不當。

同理可證，否決異己「敵方」的言論與表現自由者，己方的「自由」也終將會被否決掉吧。就自由主義的原則而言，縱使人們對某種言論和表現「感到不愉快」或「覺得受到傷害」等，都不能把要求回收銷毀書籍、中止展覽之類的「取消運動」正當化。不會使任何人感覺到不愉快的表現自由，這在北韓的話應該是存在的。而言論與表現自由的可貴之處，正在於它能讓某些人感到不愉快。

但說不定某些人會反駁道：話別說得如此輕鬆，就是有人會被那種表現自由傷得很深。可是，正如有人因為四肢被截斷全裸美少女的那幅畫而受傷一樣；也是有保守主義者，因為影像中自己尊敬的昭和天皇照片被燒毀而受傷。按照此一邏輯，對於政治意識形態異己者的「取消權利」，我們也必然得全盤接受。倘若不接受，「堅持自己才是正確的，對方沒有權利抗議」，便會顯示出自己的立場帶有高度歧視性，而一般大概會把做此主張的人稱作「法西斯」（Fascism）。

「正因為少數族群（Minority）擁有的權力與多數族群（Majority）所擁有的不可能

對等，為了捍衛他們的權力，一定程度的考量是必要的。」——這種反駁言論本身很有說服力，不過誰是少數族群、誰又是多數族群，在這一點上可能會引起嚴重的對立。

對於誹謗、中傷等歧視性言行，雖然日本已經有仇恨言論消除法等相關法律加以限制，但不可能援用法律來規定所有言論表現的適切與否，因此只能以達成某種法外形式的社會協議來解決。可是，也有人會把這一類的努力視為強制與強迫，結果往往就衍生出糾紛。縱使經由協議形成了某種常理，但在一些創作者當中，說不定也有人會覺得侵害這種「常理」即是一種「藝術」。

縱使如此，但對我們來說別無選擇，終究只能透過討論達成協議。可是近年來的各種社會現象卻顯示出，借助討論不僅無法解決問題，甚至只會使狀況愈來愈膠著。原因是，在意識形態的對立上，雙方所關心的僅止於如何「辯贏」對方。

更麻煩的是，在道德相關的討論上還會夾雜情感。取消文化是極為人性化的現象之一，正因為事情的正確與否並無一個十分固定的標準，雙方才會過於激進地捍衛己方的觀點。

為了讓社會（共同體）能夠成立，某種「常理」是必要的。在一個自由社會中，利害相異的個人和群體，在得以各自主張己方「常理」的同時，卻也必須考慮到他們／她們的「多元正義」原則上是與己方對等的。

因此，反擊永無止境的謾罵攻訐於焉展開，不斷被挑起的只有對於對方的憎惡。這種事原本就深植在人類的本性裡，正因為如此才難以解決；下一章內容裡，筆者將試著進一步深入探討。

PART4

評價不平等社會中的地位遊戲

「我們每個人為了爬到某個地位，發瘋似地不停拼命努力。」就算聽到這句話，多數的人大概也只會覺得「唉！確實是這樣沒錯。」然而這不僅是個比喻，只要看看圖一，剛才那種單純的想法也會跟著改變。

為何會產生健康不平等

英國流行病學家暨公共衛生學者邁克爾・馬莫（Michael Marmot），長年致力於研究一個現象：為何某些群體會比其他群體，更容易生病並且壽命（健康壽命）更短[44]。

對於這種現象，人們大概會有各式各樣的解釋，其中亦包含了可

圖一 英國公務人員依職業類別之相對死亡率

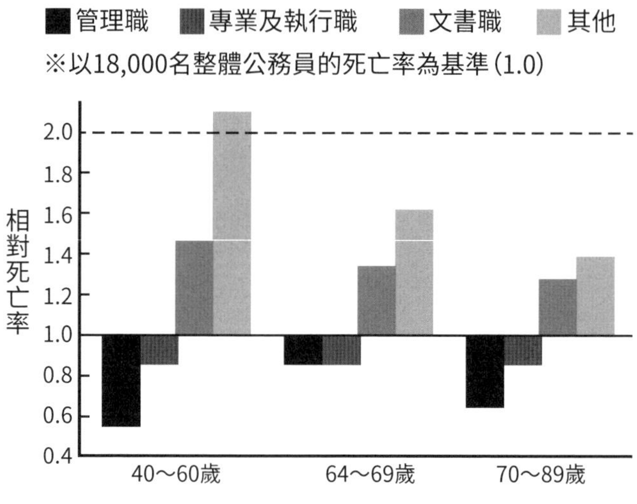

出處：《地位症候群》，邁克爾・馬莫著

能會涉及歧視、偏見之類的看法，例如：因為「生活貧困」、「沒有健康方面的相關知識」、「日常習慣不良」、「自制力不足」等。然而馬莫認為，這些看法都不是最主要的因素。

生活在富庶社會裡的人，確實遠比生活在貧困社會裡的人來得健康又長壽。話雖如此，若以世界上最富庶的社會之一美國為例，相對於白人的平均壽命為七十七點六歲，黑人只有七十一點八歲；假使範圍縮小至黑人男性，則僅有六十八歲。可想而知，各種健康指標也是黑人明顯較差（此為二〇二〇年的資料，爾後由於新型冠狀病毒流行的影響，種族之間的健康差距應該會進一步加劇）。

那麼白人是否普遍都很健康呢？事實上也未必。經濟學者安．凱思（Anne Case）與安格斯．迪頓（Angus Deaton），發現了一個有趣的現象：（新型冠狀病毒流行之前）在全球人類平均壽命持續上升之際，卻只有美國白人勞工階級（White Working Class）的平均壽命正在下降。兩位學者把原因歸結於酗酒、自殺和濫用藥物，並在二〇一五年的一篇論文中，將該現象命名為「絕望死」（Deaths of Despair）。隔年，獲得白人勞工階級狂熱支持的唐納．川普（Donald Trump）當選美國總統，該論文也水漲船高，得到人們極大的關注[45]。

那如果是中上階層的人，每個人都很健康嗎？馬莫早在一九九〇年代即發現，健康的社會不平等有一連續性的梯度（高低差）。即使是白領公務員，他們之間也會基於地位（Status）而產生明顯的健康不平等。

只要地位低就會死亡

白廳（Whitehall）是一條英國重要政府機關林立的倫敦街道，也是行政重鎮的代名詞，相當於日本的霞關（註：位於日本東京都千代田區，聚集了日本的國會議事堂、首相官邸以及議員會館等重要機關）。馬莫曾以在此工作的公務人員為研究對象，進行長達約三十年的大型流行病學調查。

英國的公務員制度，根據職務與職等而有嚴謹的階級分層。「管理職」是從事政策制定地位最高的職級，「執行職」是執行制定後的政策。「專業（技術）職」一般將其地位與執行職同等視之。「文書職」是支援執行部門的後勤工作，「其他」則包含了行政助理等輔佐職，負責比文書職低一層的工作（公務員制度中的最基層）。

圖一（P122）以一萬八千名男性公務員整體的平均死亡率為基準（一・〇），顯示出各階級的相對死亡率。如圖所示，不同階級之間的死亡率有明顯的高低差；階級愈高者死亡率愈低，隨著階級下降平均死亡率就愈高。

這份「白廳研究」（Whitehall Studie）凸顯了幾個事實，條列如後：

●四十歲至六十四歲地位最高擔任「管理職」的公務員，平均死亡率約為整體平均的一半。相對於此，地位最低的「其他」公務員，平均死亡率是整體死亡率的兩倍。兩者之間來回差了四倍之多。

●圖中亦顯示出，公務員階級制度中地位居次的群體（專業及執行職），死亡率也比地位居冠的群體（管理職）更高。

●社會群體之間的死亡率差距會隨著年齡而縮小，不過即使在最高齡的群體當中，基層群體（其他）的死亡率依舊比高層群體（管理職）多出了兩倍。

一九六七年開始進行的第一期白廳研究，僅以男性公務員為研究對象，第二期研究同時納入了女性。自第二期研究可得知女性與男性一樣，亦符合階級差異致使健康不平等之情況。

馬莫從這些研究中提出了一項觀點：造成群體之間健康不平等的真正原因是「地位競爭」（Status Competition）。

以英國公務員制度的例子來說，擔任主管職地位較高者的死亡率最低，隨著地位下降死亡率便跟著上升。美國方面，黑人的地位低於白人；勞工階級（多數為高中畢業）的地位低於白領階級（多數為大學或研究所畢業）。健康相關數據就顯示出，地位上的差異會如實地反映在平均壽命。

地位是相對的，所以在社會地位高的群體當中，也會形成地位不同的次群體（社會地位低的群體亦然）。於是無論在任何情況下，屬於地位相對較高的群體者會更健康又長壽；而屬於地位相對較低的群體者，則會更不健康並且短命。

「我們每個人為了爬到某個地位，發瘋似地不停拼命努力。」——會如此的原因是，一旦身處地位低的群體，如同前段文字所示，我們就會變得「短命」。

日本中階主管的死亡率最高

二〇一九年，日本東京大學在一項國際聯合研究中，將日本、韓國及八個歐洲國家（芬蘭、丹麥、英格蘭／威爾斯、法國、瑞士、義大利（杜林）、愛沙尼亞、立陶宛）裡的三十五歲至六十四歲男性勞工，區分為「高級熟練技術勞工（管理、專業職）」、「基層熟練技術勞工（行政、服務類）」、「非熟練技術勞工（工廠、運輸等體力勞動類）」、「農業從業人員（包含林漁業）」、「自營業者」，從中進行因心血管等疾病去世的死亡率比較，並發表研究結果[46]。

根據研究結果，歐洲方面，從事「體力勞動類」（地位低）的男性死亡率最高，擔任「管理和專業職務」的男性死亡率最低，結果與馬莫先行的研究一致。然而，在日本和韓國方面卻得出了一個奇妙的結果：擔任「管理和專業職務」男性的死亡率僅次於「農業從業人員」，並且超過了從事「體力勞動類」、「行政和服務類」的男性。

主導此項研究的東大教授小林廉毅，面對媒體的訪問，他回答道：「這也只是一種推測。普遍認為泡沫經濟破滅後的日本，裁員削減人力和長時間勞動等帶來的負擔，都集中在管理階層或專業人員身上。由於那種壓力可能非常大，所以才會造成身體嚴重受損吧。」[47] 從此處可瞭解到與歐美不同的是，日本的中階主管地位不但不高，看起來反而還有下降的樣子。在人口減少導致國內市場縮小、業績和利潤雙雙受挫之下，整合組織營運業務等責任，均沉重地壓在中階主管肩上。

日本公司的聘僱習慣中，正式員工與非正式員工之間有明顯的「身分不平等」，普遍來說，公司是個「正式員工的共同體」、「正式員工人人平等」的地方。而在這當中，象徵著一定身分地位的管理階層，若遭年輕員工討厭，大概就會有某些事不得不自行處理吧。如果必須得看上下級的臉色過日子，那會招來壓力，導致健康受損的情況就一點也不奇怪了。

於是就形成了一種結果，日本的「基層熟練技術勞工」亦即基層員工，他們的死亡率變得最低，只有管理階層和專業人員的七成。日本近年來，不想擔任主管的年輕人普遍有增加的趨勢。從這份死亡率研究資料看來，在日本企業工作的話，或許不擔任管理職，對年輕人們來說不失為一個合理的選擇。

測量地位的超精準社會尺標

地位（社會與經濟地位）之所以會影響健康和壽命，是因為人類的大腦有一種比上不足、比下有餘的酬賞感受。

我們與地位高的人比較時，會覺得自己低人一等；與地位低的人比較時，又會覺得自己高人一等。這是大腦的基本設計，自我察覺或道德教育都改變不了。即使是滿口大道理的宗教家，只要身為人類，任誰都一樣內建了這種有缺陷的ＯＳ（大腦的作業系統）。

生物一路演化過來，都會迴避痛苦與厭惡、趨近舒服快樂。若按照這個設定，在（無意識地）選擇和行動上，應該會避免向上比較而趨於向下比較。

人們為何會對地位極度敏感，在社會心理學領域中，援用了「社會尺標」（Sociometer）來做說明。我們的大腦裡，內建了一個受他人評價驅動的測量計。此測量計的指針往右擺動（數值上升）時，大腦的酬賞系統便會受到刺激，釋放出多巴胺和腦內啡等神經傳導物質，讓我們產生強烈的幸福感，自我肯定感亦同時上升。相反地，當指針往左擺動（數值下降）時，大腦中感受拳打腳踢的區塊（身體精神均為同一區塊），會激烈地活化作用，使我們的自我肯定感大幅下降（見圖二）。

各種研究均顯示，我們能夠即時察覺某人的地位高低。

例如一項研究中，採用紀實快照（Snapshot）的方式，拍攝一家公司內九十六組同事彼此互動的模樣，然後裁切照片貼在白紙上。儘管受試者處於完全不明就裡的情況下（照片已去除背景脈絡，只留下兩人面對面交談的影像），依然能正確地猜測出哪個人的地位比較高[48]。該研究也得出另一項調查結果，當我們進入陌生群體時，瞬間（在四十三毫秒內）就能從聲音和肢體語言上，分別出誰是支配者或服從者。

人類的聽覺，無法分辨低於五百赫茲以下的聲音。若以過濾器處理說話聲並刪除高音，所有的語詞都會消失，能聽得到的只有類似嗡嗡聲的低音。

這種嗡嗡聲向來都被當作無意義的雜音，後來才瞭解到在無意識的層面上，它發

圖二 社會尺標

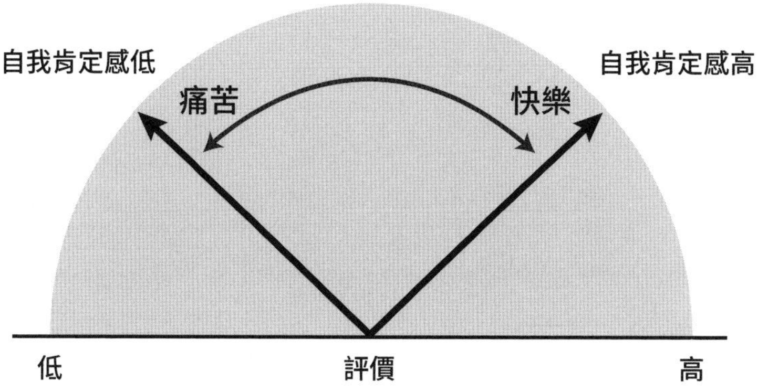

揮了重大的影響。雖然嗡嗡聲的高低因人而異，但是在對話的時候，所有人的高低均會趨於一致，而且必定是「被支配者」去配合「支配者」的嗡嗡聲。

有研究人員運用這種嗡嗡聲，分析美國總統大選電視辯論中候選人的語音頻率。該研究調查了自一九六〇年至二〇〇〇年的八次選舉之後，發現一個現象：得票率較高者，向來都是那些嗡嗡聲維持在一定音頻（支配他人）的候選人，而非讓自己的聲音去配合對方（被人支配）的候選人（這種現象特別顯著的一次選舉是，一九八四年雷根（Ronald Wilson Reagan）以壓倒性的勝利，打敗競爭對手孟岱爾（Walter Mondale））。

唯一例外的是二〇〇〇年的總統大選，配合他人嗡嗡聲的小布希（George W. Bush）勝選，打敗了聲音帶支配性質的高爾（Albert Arnold Gore, Jr.）。不過這次的總統大選，由於佛羅里達州得票數僅有些微差距，雙方後來甚至演變到鬧上最高法院；此外，在選民的總得票數方面，高爾陣營得票較多（美國總統大選為間接選舉，會由各州人民先選出該州的選舉人，所以總得票數多的候選人未必能勝選。二〇一六年唐納・川普對上希拉蕊・克林頓（Hillary Clinton）的那場總統舉選，也發生過這種逆轉現象）。

選民或許對候選人的政策並不感興趣，但他們似乎會不自覺地聽取要配合哪一位候選人的嗡嗡聲，然後選出「支配者」。[49]

壓力引發腦部自體免疫疾病

某項實驗使用了一種名為電子球（Cyberball）的電腦遊戲，進入腦影像攝影裝置的受試者，透過顯示器與其他兩個人玩虛擬傳接球遊戲。但過了不久，其他兩個人就自顧自的傳接球，把受試者排除為外人。

雖然這只是個電腦程式遊戲，但其實受試者仍會莫名地產生被同伴排擠的感覺。觀察受試者當下的大腦活動時，腦部感覺身體疼痛的相關區塊頻繁活動了起來。當該受試者一遭到同伴排擠，腦中的社會尺標指針便大幅往下擺動。此時受試者大腦的感覺，就像遭到拳打腳踢一樣[50]。

從這一點即可瞭解，為何地位低下會有害於健康。說到底，大腦是個會對一定刺激做出一定反應的器官，它無法區別該疼痛是來自精神還是身體。

倘若每天暴露在拳打腳踢的暴力下（身體），終究是無法健康地過日子吧。被周圍人批評、遭同伴排擠、使人意識到自己地位低下（精神），這些事在大腦層面上都是相同的體驗。

近年來的醫學研究已明確指出，來自於職場、家庭等的壓力會引起慢性輕度發炎。由於這種發炎會侵蝕動脈、肌肉和肝臟等組織，嚴重時甚至會發展成心臟病、第二型糖尿病、大腸癌、關節炎，可說是多數慢性疾病（生活習慣病）的形成因子[51]。

再者，儘管先前普遍都認為大腦與免疫疾病無關，但現在已經瞭解，構成大腦神經元以外部分的神經膠細胞中，有一種「小膠質細胞」（Microglia）與免疫系統相關。若以這項新論點來看，諸如憂鬱症、焦慮症、阿茲海默型失智症等病症，很多時候都是因為小膠質細胞的過度活躍，而致使大腦產生自體免疫疾病[52]。

舊石器時代在人類的演化史上占了大半部分，那個時代的人若地位下降（被共同體排擠），其意義等同於死亡。因此，大腦才會竭盡全力地發出警報：只要地位一降低，「不設法挽救就會面臨死亡」。

結果導致我們過度介意一些細瑣的批評和謠言，從中不但生出心神不寧，致使壓力荷爾蒙大量分泌，還令交感神經不時處在亢奮狀態。置身於現代社會中，這種有缺陷的大腦作業機制，正引起我們身體與精神上的種種失調。

來自權威的支配令人詬病

提升地位有三大策略：「成功」、「支配」、「美德」[53]。

其中最能夠使人一目瞭然的就是成功遊戲：詔告天下（炫耀）自己是成功人士。

「炫耀性消費」也是有效方法之一，像是住豪宅、開跑車、用名牌包裹全身等。而之所以有效，是因為若非真正的成功人士（有錢人）就做不到（借錢包裝自己的人遲早都會破產吧）。

但在社群媒體出現之後，由於評價的能見度提升，成功遊戲的規則也大幅被改寫。今日，擁有百萬粉絲、身穿T恤搭牛仔褲的網紅，地位比幾乎沒有粉絲的大富翁還來得高。

支配遊戲，是透過高舉權威來顯示地位。例如：王公貴族有家臣和侍從伺候、白人把黑人當作奴隸等，均藉此以彰顯自己崇高的地位。

而在一個自由社會中，身分制和奴隸制不受認同。但是社會和組織，仍需要有某個人統管。所以此時所要求的，就是支配的正統性。

民主式的支配，是透過民選議員制定法律，再由行政機關按照法律規定範圍施行政策。在公司方面來說，主管之所以能對下屬發號司令，是因為組織授予了他們職權。而「權力騷擾」（Power Harassment），是該主管採取了超越本身權限的支配策略，並非否定主管立於下屬之上。

擁有的支配力（權威）愈大，能獲得的地位就愈高。但為了達到這個目的，就必須透過在選舉中當選或在公司得到晉升等，以顯示自己的權威來源。然而問題是，諸如此類的高端地位，僅有特定少數人才能取得。

人類是一種矛盾的存在，反抗支配和限制的同時，卻又盲目地服從支配者或領導者（其證明是史丹利．米爾格蘭（Stanley Milgram）主持的知名「服從實驗（Obedience to Authority Study）」。多數實驗參加者皆服從權威，把電壓提高到致命的程度）。但是在自由化的現代社會中，基於權威肆無忌憚的支配策略，已令人詬病。

歐美圈子裡的權威人士現在正愈來愈平民化，人類史上富可敵國者之一的伊隆．馬斯克（Elon Musk），展現在社群媒體上的言行舉止，也許就是其中一個典型例子。他在推特（現為X）上的形象是：「有溝通障礙書呆子（阿宅）們的親切大哥」，與昔日好萊塢電影中出現的權威人士樣貌：「自大傲慢的白人」，形成了一個極端對比。

享受「娛樂性正義」的美德遊戲

在成功遊戲中，人們會需要證據（名牌或豪宅）證明自己是成功者；而在支配遊戲裡，人們得要有正統性（頭銜），以讓對方明白自己是支配者。相對於此，「美德遊戲」則採取一種誇耀策略，展現自己在道德上遠優於對方。

一項以六十個前近代社會為調查對象的研究中，揭示了大眾普遍認知的七種美德[54]：

①幫助家人
②幫助自己所屬的群體
③報恩
④勇敢
⑤服從尊長
⑥公平分配資源
⑦尊重他人財產

這七種（大抵上）是人類普世的「道德準則」。若無視這些準則，將被看作違反共同體利益；不但地位會大幅下降，有時還會成為被人以暴力手段排除的對象。從猶太人大屠殺到盧安達的種族滅絕（胡圖族虐殺圖西族），犧牲者總是被當成一種「不道德」的存在。

所謂的「受人崇敬者」，指的是實踐道德準則，並且從共同體獲得優越評價之人。在美德遊戲中，人們會競相以行動展現自己擁有高尚的「品德」，例如：自我犧牲保護家族和共同體等。

然而問題是，諸如此類的行動伴隨著莫大的風險與代價。為了保護他人，手無寸鐵地面對暴徒或許能贏得讚賞，但結果也有可能是遭到殺害。真正的美德之所以具有崇高價值，正因為幾乎所有的人都做不到。

不過美德遊戲中，尚有另一種更簡單有效的策略。該策略是藉由找出不道德者，高舉「正義」大旗打擊對方，以相對地抬高自己的道德地位，並同時誇耀自身的美德。

近年來腦科學研究發現，大腦的ＯＳ天生設計有缺陷的事實之一是：只要懲罰不道德者，就會刺激腦中的酬賞系統並獲得快感。但這種巧妙的演化亦像一套設計精良的程式，在人類史上沒有警察和法律的絕大多數時間裡，把共同體的每個人都變成了「道德警察」。不道德者大概馬上會被整團揪出，其子孫也會遭到趕盡殺絕並從基因庫中消失。

於是，玩不起成功或支配遊戲的魯蛇們（多數為地位低者），便雪崩式地大舉湧入美德遊戲。把自己定位為「受害者」，在正義之名的傘下糾責他人，無關乎社會經濟地位，因為這種事是任誰都會的。而且社群媒體，還讓人們得以匿名並且低成本（或免費）地執行。來到此處，大家都能盡情地享受「娛樂性的正義」。

取消文化的社會性和生物性背景，大概就如前文所歸納的吧。

「推し」是一種認同融合

「推し」（Oshi／我推）和「推し活」（Oshikatsu／推活），是現在很受矚目的日本社會現象。「推し」可定義為「把對人事物的認同融入個人」——話雖如此，字面上看起來還是令人一頭霧水吧。

人類是徹頭徹尾的社會性動物，整個演化過程都置身於共同體未曾脫離。認同（Identity）普遍定義為「自我同一性」，然而其中的「我」，卻只能存在於社會關係網絡裡，所以這個「我」，可以說是他人評價的總合。

人類所有能力中最令人驚奇的一項，就是能夠把認同往外擴大到世界，與他者融為一體。這就是所謂的「認同融合」。像人類這種社會性動物，每天都會因為一些小小的機緣，產生認同融合[55]。

如以戀愛為例，就是把個人認同與男女朋友融合在一起。而融合的對象，也可以是偶像（ＢＴＳ）或運動選手（羽生結弦）。如果是把個人認同與男公關融合在一起的女性，就稱為「男公關狂粉」（ホス狂い）[56]。近來屢見不鮮的是，認同對象亦擴展到二次元的美少女和虛擬偶像等。

「推活」也屬於一種個人的認同融合，不過若把人類的歷史攤開來看，便能清楚知道「推活」的對象，主要是群體而不在於個人。

例如，民族主義者的融合對象是「國家」。所謂的宗教基本教義派者，指的就是把自己的認同融入基督教、伊斯蘭教、印度教等宗教之人。

此外像白人至上主義者，是以自己的白色皮膚（或具有「白種人基因」）為身分認同。右翼網民（ネトウヨ／Neto Uyo，或稱網路右翼），則是指以身為「日本人」為傲，帶有排他色彩的「日本人身分認同主義者」。

此意義下的認同，轉化成為「對群體的歸屬意識」。因為演化的結果讓我們感受到，當我們覺得自己屬於某個特定（排他性）的共同體時，就能獲得莫大的安心。

從另一方面來看，當我們歸屬的群體遭到批評，在大腦層面的處理上，會把該批評等同是對自己個人的暴力攻擊。「右翼網民」對於「反日」的反應，就是一個典型的例子。不過，這完全不是什麼特殊的現象，當人們的認同與群體融合時，無論何時何地都會發生這種事（即使融合的對象是一支足球隊）。

我們的大腦天生就被設計為，把自己的認同與某人事物融合後，會產生愉悅的感覺。在人類史上絕大多數的時間裡，我們認同的對象，是類似部落、國家等的共同體（至少直到一百年前左右都是如此）。後來之所以會轉變為「推活」，大概是因為社會富庶和平的關係，每個人都能發展「自己心之所向」的認同融合。

倘若從這一點來思考，便能瞭解到在「成功遊戲」、「支配遊戲」、「美德遊戲」中，亦即需透過個人努力才能提升地位的遊戲之外，還有另外一項很重要的策略：假使我們歸屬的群體地位上升，自己的地位不但跟著水漲船高（心理層面），自我肯定感也會提升。其中一個案例是，日本武士隊在二〇二三年WBC（世界棒球經典賽）

的優異表現，應該讓多數的日本國民都與有榮焉吧！

為了保護自尊心的陰謀論

匿名者Q是個相信陰謀論的群體，「有個黑暗政府（深層政府）在操控美國和世界，川普現在正在對抗它」。二〇二一年一月，這群人受到川普演說的煽動：「選舉被偷走了」、「前進國會大廈去鼓勵勇敢的議員吧」，進而占領美國國會大廈。

支持川普的核心族群，主要是高中畢業的白人勞工階級（Working Class）。無法適應全球化和知識社會化的他／她們，群聚在美國中西部的鏽帶（Rust Belt／生鏽的區域，是對美國五大湖區一帶的傳統重工業衰退區的非正式稱呼），待在那片汽車、鋼鐵等製造業工廠萎縮關閉的地帶「絕望死」。

繼承美國自主獨立開拓時代精神，一路支持「美國優良傳統」的他／她們，現在的驕傲已經被粉碎殆盡。美國白人保守派過去向來對「福利女王」（Welfare Queen）等，均抱持著批判的態度。福利女王是指黑人等少數種族因家庭破碎，女性單親家長得依賴生活補助度日的情況。然而不知從何時開始，他／她們自己現在也成了領失業保險和生活補助的受助者。

縱使身處如此時代，但他／她們幾乎所有人，都無法承認自己過去的主張有錯。

因為一旦否定自己的認同（身為美國人的驕傲），生存意義將隨之消失，此事必定是他／她們最巨大的恐懼。

自己一直以來相信是正確的事，之後卻認知到其實是錯誤的，此時會產生出一種「認知失調」（Cognitive Dissonance）。當我們遭遇這種情況時，便會不自覺地想要讓錯誤看起來合情合理。由於這是一種極為強烈的衝動，演化心理學者崔弗斯（Robert Trivers）便曾描述道：「智力在演化上的任務就是自我正當化。」相信匿名者Q陰謀論的人們會做出一些奇特的行為，從某種意義來說也極為合理。

工作、名聲和自尊心無一不失的這群白人，當初對黑人是那麼不屑一顧，但就算發現自己如今與他們為伍時，依舊不可能承認「（當初沒上大學的）自己有錯」。只要認為錯誤的責任不在自己，就能夠把現在被逼入窘境的狀況，歸咎於那一定是出於某種「惡」——這種「惡」，並非出於政治失敗和資本主義脫序的「平庸之惡」，而必須是一種非同尋常的「絕對之惡」。為何得如此？因為這樣與它們戰鬥的自己，才能夠成為「絕對之善」。

從這一點來看，不就可以把占領美國國會大廈的那一群人，理解為「川普推」了嗎？那些好不容易從MAGA（Make America Great Again／讓美國再次偉大）口號中找到生存意義的人們，就是打算藉著把自己的認同，與稀世罕見的民粹主義者兼（自稱）地產大亨融合在一起，以利取回原本的自尊心（地位）。

雖然人們把川普的狂粉稱為「白人至上主義者」，但其實他／她們不斷地訴求自己是「白人少數族群」，而且是優待黑人等族群之「平權法案（Affirmative Action）的受害者[57]」。當這群始終相信自己是「受害者」的人，被視為「加害者（種族主義者）」並且受到糾責的時候，糾責方與被糾責方兩者之間，是否仍然有可能形成對話呢？

「高意識系」：滿腹牢騷的失落世代渴望成為精英

美國不只右派激進，左派也很激進。在絕大部分情況下，會成為取消文化主角的，都是反對種族或性別歧視等的團體。左派的激進分子稱為ＳＪＷ（Social Justice Warrior／社會正義戰士）或Woke。Woke意指「覺醒者」，以日本來說就是「（針對社會問題的）高意識系」。

ＳＪＷ幾乎都具有大學畢業以上的學歷，在知識社會中分類為「勝利組」。儘管如此，若要問他們為何會義憤填膺地熱衷於「取消」，有可能是因為他們覺得自己的社會地位低（沒獲得正當的評價）。

其背景因素是「精英生產過剩」。在自由化的知識社會裡，以種族、性別、性取向等評價個人是一種「歧視」；於僱用和人事考核上，一般僅允許評價「學歷資格」、「成就」、「經驗」等「優點」。這就是以所謂「只要努力任何人都能實現夢想」的精英統治（Meritocracy，或稱為「功績主義」），來正當化（高學歷的）精英比（低高學歷的）非精英，更適合位居高社經地位。

在日本方面，大學、研究所、高中畢業之三者的終身所得差距，男性為百分之二十六，女性為百分之四十三（女性差距較大的原因是，高中畢業的女性，以全職家庭主婦或打工為業的比率較高[58]）。相較於日本，美國方面則更是個不折不扣的精英統治社會，據說大學與高中畢業的所得差距達百分之百（兩倍）以上。

倘若學歷高低帶來如此大的差距，那麼年輕人們就算不顧一切也要取得大學學位。但結果卻是，背負沉重學貸又無法找到滿意工作的Y世代（出生於一九八一至一九九六年）、和Z世代（出生於一九九〇中期至二〇一〇年）的年輕人們，充斥著整個社會。

然而，即使大學和研究所的畢業生數量增加，華爾街（金融）、矽谷（ＩＴ）、華盛頓特區（公務員或政治顧問）等，也不可能預備好相應的工作數量。結果導致必須屈就如兼職行政等「不滿意工作」的年輕人增多，於是這一群人就被稱為「滿腹牢騷的失落世代」（Elite-wannabes／渴望成為精英的人）[59]。

這群在美國稱作基進左派（Radical Left）或改革派（Progressive）的男女們，於民主黨總統初選中瘋狂地支持「社會主義者」桑德斯（Bernie Sanders），給拜登政權帶來了強大的壓力。為了二〇二二年十一月的中間選舉，拜登對左派年輕人們採取懷柔政策，決定針對背負學貸的借款人，每人最高額度可免償還一萬美元的學貸（但爾後遭最高法院阻止）。

渴望成為精英的年輕人們，因為覺得此前的努力沒讓自己獲得應有的社會地位，而在主觀上認為本身的地位低下。為了填補這項缺憾，他／她們把自身的認同融合進感覺上自己歸屬的集團，例如：種族、性別或性取向等，意欲藉此提升地位。而「社會正義」的行動主義者（Activist），刺探出言行帶有「歧視」違反政治正確的「敵人」，並對其加以抨擊的舉動，一般稱作「身分認同政治」（Identity Politics）。

從這一點來看，大概就能理解日本或甚至世界，現在正發生的各種事態了吧。

至死方休的殘酷遊戲

以正義之名把居高位者拉下台時，已內建了把比上不足、比下有餘當作酬賞的大腦，便會因此獲得無比的快感。揪住皇室婚姻問題不放猛攻的人們，嘴上說是為了「皇室」、「當事人」等，但其實那種狂亂狀態是受到幸災樂禍的驅使。

然而另一方面，我們又懷有強烈的傳統社會認知：崇拜高地位者、服從權威和權力等。為了能在嚴格的階級社會中存活下來，追隨服從能力強的人是最有效的作法。連五歲的孩子，也相對會重視能力較強的陌生大人的判斷，而非能力較差的親切大人。

若要在地位遊戲中一路過關斬將，就得踢掉比自己地位高的人，並將目標鎖定在階級制的頂端，不過那種對手同樣也會想把你踢下去。自舊石器時代以來，對人類（至少是智人）而言，最大的威脅並非是天災地變或肉食動物，而是周遭圍繞著與我們相同（絕頂）聰明的生物。

而且在這場遊戲中，早已訂定了嚴格的規則——不可破壞共同體的和諧。要是被點名為「共同體之敵」，其他成員亦附和的話，屆時不是面臨處決，就是遭到共同體放逐（人無法獨自存活最後終將死亡）。

我們向來都處在一個掙扎的狀態：崇拜居高位者，卻同時想要把他／她們拉下來；過度地注意來自他人的批評以保全自身，卻又想要去扯對方後腿以墊高自己的地位。

地位遊戲的賭注是生命，在這種情形下的遊戲規則會極為複雜。Netflix 熱門影集《魷魚遊戲》也是拿生命當作賭注，不過遊戲管理者已制定有簡明的規則。

可是在地位遊戲中，人們只會在不明所以的情況下受社會尺標擺弄，無論身處何地都看不見目標。自懂事以來到死亡為止，人們都必須不停地玩這種殘酷的遊戲（據說在老人安養中心裡，調解入住長者之間的地位爭執，是工作人員的一大負擔）。

於是出現了一種說法：比起遭地位遊戲翻弄、因壓力而身心交瘁的（正常發展型）「普通人」，不太在意他人評價的（非正常發展型）ASD（Autism Spectrum Disorder／自閉症類群障礙）「障礙人士」，是不是更能適應現代這個社群媒體社會呢[60]？

SNS時代的紅色女王

根據人類學家的調查，狩獵採集者的社會階層劃分為：遊群（Band／野營群體：過著移動生活的群體）、氏族（Clan／血親群體）、大型遊群（Mega Band／較大型的共同體）、部落（Tribe／民族和說同一語言的群體）[61]。

據說約六萬年前，離開非洲遷往歐亞大陸的智人，會以三十到五十人的大家族構成遊群行動，並且與一百五十人左右的氏族（血親／多代同堂的大家族）頻繁交流。雖然當時的人大部分時間會與遊群的成員一起生活，但如果某人有意願，似乎也能夠遷移到氏族內別的遊群中。

由於近親相姦的禁忌，遊群內的男女性愛關係不受認同，只能從外部群體獲得女性。據說，要是一百五十人左右的氏族中，女性人數若不是十分充足時，該氏族似乎也會前去與五百人左右的大型遊群或遠方一千五百人左右的部落交換女性。

部落是個擁有「印記」的群體，利用語言（方言）、裝飾（刺青）、文化（音樂或舞蹈）等印記，表示同屬一方的「自己人」；同時也是一種遭逢狀況時，會互相合作的關係。從演化觀點來看，這就形成了我們所認知的「世界」[62]。

在一百五十人左右的小型共同體裡，一旦獲得好評，或許就如同財富和權力一樣，便會期待能長期持有。就像校園漫畫的經典情節：主角在班上（遊群）的地位競爭中勝出，由於獲得好評，便接著參加學年和校內（氏族）的階級競爭；若贏得校內冠軍，進一步就是挑戰地區或全國校際（大型遊群或部落）的地位競爭。主角在此一過程中獲得的評價，將會透過口碑散播開來，並在特定的社會（最近似乎會用「領域或圈子」等詞來表示）中「受人尊敬」。

然而，這個（在某種程度上）已經定型下來的模式，卻因為電影、電視、社群媒體等科技，而產生劇烈變化。由於「世界」從一百五十人的小型共同體擴大到全球，因此評價隨之成為一項可變動之物，並且不知道何時會失去。安迪・沃荷（Andy Warhol）曾預言過：「未來每個人都能聞名於世界十五分鐘。」（In the future, everyone will be world-famous for 15 minutes.）只要是演藝工作者，應該都切身體驗了這句話。

出現在路易斯・卡若爾（Lewis Carroll）的童話《愛麗絲夢遊仙境》裡的那位「紅皇后」說過一句話：「妳若想留在同一個地方，就必須得全力奔跑。」（It takes all the running you can do, to keep in the same place.）身處社群媒體時代的現代人也是如此，為了維持一朝獲得的好評，就必須像跑滾輪的大老鼠一樣，埋頭使勁地全力奔跑。

為何她們想當ＡＶ女優

不知為何幾乎沒有人提及，ＡＶ女優這項職業在亞洲是日本特有的。儘管亞洲有些國家的性交易產業也很發達，然而除了日本以外，年輕女性會去拍成人影片實在令人難以想像（雖然最近台灣似乎也開始發展ＡＶ產業）。

根據世界價值觀調查（World Values Survey），日本與瑞典並列為全球「世俗價值」最高的社會。日本人生活在一個把該價值發揮到極致的「世俗社會」：於婚喪喜慶上適當地分別援用多種不同宗教，果斷拋下出生的故鄉聚集在大都市，傳統只是一種娛樂享受，例如：歌舞伎和相撲等。但與北歐不同的是，日本人的「自我價值表現度」較低，這就產生出了在意他人眼光的同儕壓力（村社會文化）[63]。

一個世俗化的社會中，包含性在內的各種禁忌都會逐漸消失。雖然瑞典早已領先全球成為情色大國，然而亞洲地區的話，該寶座則是由日本獨占。

交友網站的大數據資料顯示，如果要選擇伴侶，（平均而言）人們還是偏好同一人種，所以亞洲男性仍舊比較會受亞洲女性吸引。

倘若如此，日本的ＡＶ女優就不單只能將自己的「情色資本」（Erotic Capital），出售至日本國內市場，還能外銷到包含中國、韓國、台灣和東南亞等數億人口的龐大市場。亞洲男性就算在政治意識形態上是「反日」，不過大家一直以來還是都很受日本ＡＶ女優的關照。

一位鄉下尋常高中畢業的女孩，她能想像的未來或許只有無聊兩個字：在超市等地打工，然後與讀書時的同班男同學結婚生子。然而，即使是這樣的一位女孩，她也可以透過運用情色資本，獲得數萬或數十萬個粉絲。日本的ＡＶ片商現在正大力宣傳「擁十萬粉絲者ＡＶ出道」活動，因此只要鍵好 #（標籤）再上傳寫真和影片，眾多粉絲（ＡＶ飯）就會自動聚集過來。

女孩們如果想吸引到相同數量的粉絲，除此之外其他的方法，就是成為偶像、歌手或 YouTuber 等讓自己出名；但這可能會需要相當程度的才華以及幸運之神的眷顧吧。若從這個方面思考，那麼此方法就像是一帖能獲得好評的魔法靈藥（強效藥物），所以追逐「夢想」的女孩們會如雨後春筍般冒出，也不足為奇了。對於現下的年輕女性而言，ＡＶ女優已被視為一項演藝活動，而非一種「骯髒的工作」。

此前，地位都是藉由豪宅、高級房車、名牌服飾和手錶等物質，以間接的方法呈現。但社群媒體卻透過數值，使評價本身得以視覺化，這無異是實現了一項偉大的創新。

舊石器時代的數百萬年間，人類向來都是在一百五十人左右的共同體中玩地位遊戲。可是目前的我們，卻被置放到（理論上）有八十億個敵手的全球地位遊戲舞台上。

我們大腦的天生設計，就不是為了要適應這種巨變的。像這種超乎想像的驚人「演化差距」，可能正是現代社會諸多問題的根源吧。

地位遊戲裡沒有攻略法

調查研究倫敦行政重鎮白廳的邁克爾・馬莫，發現了地位是相對的。在倫敦工作的國家公務員，相較於一般英國人，應該都屬於社會地位較高的精英階層。然而，因為制度上嚴謹的階級分層，該體制裡的地位也有高低之分。此一相對差距，使得這群優於全體國民的人們，從中產生出平均死亡率的差異，是高達四倍之多的健康不平等。

「自尊心」和「自我肯定感」一般都以為是個人的特質，但其實這並不正確。相較於周遭的人，若覺得自己的地位比較高時，自尊心和自我肯定感便隨之提高；相反地，當覺得自己的地位比較低時，就會產生差人一等的感受，自我肯定感亦隨之下降。就此意義而言，表示我們每個人在某些狀況下自尊心會比較高，而在別種狀況下自尊心會比較低。

自尊心瀕臨下降危機時要如何應對，大抵上是因人而異的吧。某些人可能會離開讓他們覺得差人一等的群體，移動到能確保自己會有較高地位的群體（寧為雞口，不為牛後）。另一些人，則可能會留在原本的群體，努力提高自己的地位。

但不管如何應對，都很難說哪一方是正確的。

移動到能夠保有較高自我肯定感的環境，在精神上會比較輕鬆（如果考慮到個人主觀認知的地位會影響健康，採取此應對是極為重要的）。但也有可能會變成放棄競爭，偏安於較低的社會地位。

另一方面，雖然努力提升自己是邁向成功的條件，但勉強行事硬要提高地位的話，最後可能會把自己燃燒殆盡。所以，地位遊戲極為複雜，並沒有單一的攻略法。

社會地位與身分認同的扭曲關係

雖然自尊心與自我肯定感是相對的，但美國一項以白人（多數族群）和黑人（少數族群）為對象的研究顯示：在社會上和經濟上取得成功與否，對身分認同的看法也會有所差異[64]。

擁有高學歷的白人精英，對於「美國社會當前仍然在歧視黑人」等種族主義的告發，顯得淡然自若。相對地，低學歷的白人勞工階級，則歡迎能提升自尊心（針對白人）的正面評價，並拒絕降低自尊心的負面評價。

自尊心愈低者，會把自己的認同融入群體當中，是一件很自然的事。不過在這一點上，少數族群與自尊心的關係就饒富趣味了。有一個與多數族群白人相反的例子：對於「黑人的犯罪率明顯比白人高」之類的負面評價，社會地位較低的黑人並沒有受到太大的影響；可是擁有高學歷的黑人精英，卻對這種負面評價激烈反彈。

諸如此類的扭曲關係，也同樣發生在日本近年來已浮上檯面的性別相關爭議。在多數族群（男性群體）中，獲得滿足性愛而且自我肯定感高的男性（受人歡迎），成為了贊同女性發展事業的自由主義派新好男人「育兒奶爸」。而遭到自由戀愛市場剔除而且自我肯定感低的男性，則過度地讓自己與性別認同（指男性）融合為一體，並且把危害到該認同的「女性主義」視為威脅。

另一方面，在少數族群（女性群體）中自我肯定感低的女性，則會接受性別分工成為「貧窮的全職家庭主婦[65]」。她們在想法上認為：「即使貧窮，但只要有家人就是一種幸福」。相對地，擁有高學歷的精英型女性，則成為了積極推動男女平等的女權運動者（女性主義者），並與（自尊心低的）「反女性主義」男性發生衝突。由此可知，少數族群中自尊心愈高者，就愈會感受到歧視性制度和習俗的不合理，並且把自我認同融入群體。

針對「不平等」和「歧視」提出異議，是地位遊戲的一種。少數族群提出此類主張，自有他／她們正當的理由。然而另一方面，「社會正義」卻造成了（自尊心低的）多數族群與（自尊心高的）少數族群對立，並且使得社會發生混亂。在取消文化的前線到底發生了什麼事，就讓我們進入第五章來一窺究竟。

PART5
社會正義的怪奇理論

朴研美（Yeonmi Park）於一九九三年出生在北韓北部的惠山市，這是一座隔著鴨綠江與中國接壤的城市。朴研美小時候家境優渥，但自從進行黑市交易的父親，因走私罪被逮捕送往監牢（收容重刑犯的教化所）服刑後，全家便陷入了窮困。二〇〇七年，十三歲的朴研美與母親兩人，在女鄰居的牽線下逃往中國。然而，不可能有一毛錢都不用花就能偷渡出國之類的好事。朴研美與母親被賣給了人口販子，分別以兩百六十美元（約八千五百元台幣）和六十五美元（約二千五百元台幣）成交[66]。

被賣去幫派的北韓少女

在那之後，朴研美的現實人生堪稱「比小說離奇」。她被幫派老大看上，成為老大的情婦。除了幫忙老大的人口販賣工作，同時還把被賣到農村為婦的母親買回來，並將留在北韓的父親接到中國。但是她父親那時已到了大腸癌末期，因此不久之後便離世（當時朴研美才年僅十五歲）。

由於奧運二〇〇八年要在北京舉辦之故，國際社會對於中國的人口販賣批評升高。在中國政府強力取締之下，人口買賣勾當陷入窘境的幫派老大，便放了朴研美和她母親。母女倆於是暫時託身在青島的一間基督教庇護所，並打算流亡南韓。

可是沒有身分證件的脫北者，無法循著正當管道通過中韓邊境。朴研美一行人只能在傳教士的協助下，徒步穿越嚴寒的戈壁沙漠邊境進入蒙古。在這一行人即將凍死之際，幸好被駐守蒙古邊境的士兵發現。二〇〇九年，朴研美等人獲准定居南韓。去到南韓之後，她從小學生的程度開始拼命念書考進大學，並在二〇一四年到美國留學。

同年，國際性會議「世界青年領袖峰會」（One Young World Summit）在都柏林舉辦。參加了會議的朴研美，由於在會中講述包含性關係在內的親身殘酷體驗而受到關注，她後來也接受BBC等多家國際媒體的採訪。為了使北韓的暴政和在中國境內進行的人口販賣，皆能曝露在國際社會的壓力之下，作為一位經歷者的朴研美覺得自己必須挺身而出。她下定決心後，於隔年二〇一五年，以英語出版了一本描寫自身多舛命運的書籍。

以上是朴研美回憶錄《為了活下去》的摘要。在這之後，朴研美首先就讀巴納德學院，接著在二〇一五年進入名校哥倫比亞大學學習。目前她與一名美國男性育有子女，並且持續從事協助脫北者的援助活動。

「北韓的確很瘋狂，但沒有美國瘋得厲害」

朴研美曾說過：「北韓的確很瘋狂，但沒有美國瘋得厲害。」這句話是筆者在記者福田的著作中讀到的，當時朴研美正在講述自己就讀哥倫比亞大學時的經驗[67]。

但那本書並沒有註明這句話的出處，經筆者查閱之後，確定這是朴研美在二〇二一年六月，接受保守派媒體福斯新聞（Fox News）的遠距採訪時說的話。她表示：「（進入哥倫比亞大學之後）我發現一件事。哇啊！這真是太瘋狂了，我原本以為美國會不一樣，可是和我在北韓見過的太像了，使我不禁擔心起來。[68]」

朴研美表示，英語對自己來說是第三語言，即使現在說話仍不時會將「他」（He）與「她」（She）搞混。可是就讀哥倫比亞大學的時候，卻被糾正要不分性別（生理性別）使用「他／她們」（They）作為第三人稱單數。她把這項經驗喚作「混亂」（Chaos），「甚至北韓也不會如此『Nuts』（瘋狂、愚蠢、無聊）」並在說了這句話之後，又接著道：「North Korea was pretty crazy, but not this crazy.」（北韓的確很瘋狂，但沒有美國瘋得厲害）。

冷戰結束加上失去蘇聯和中國馳援的北韓，在一九九〇年代陷入據傳百萬人死亡的糧食危機；父母親拋下無力扶養的幼子，餓殍直接被棄置在街道上。生長在這個牲畜比人類生命還要珍貴的國家（某個殺牛食用的男性甚至遭到公開處決），朴研美完全無法理解，竟有人會若有其事地倡導「動物權益」（Animal Rights）。她與母親逃離北韓之後，被人以賤價賣到中國當作性奴隸。然而，美國的黑人看起來是活得那麼地自由，卻有人稱他們遭到「奴隸般的對待」，這令她感到很混亂。

北韓有一種類似日本隣組（鄰里互助團體）的組織，叫做人民班。因為人民班奉命須向黨（朝鮮勞動黨）報告何人有不適當的言論，所以朴研美在成長過程中，母親始終對她耳提面命：「就算妳認為只是自言自語，但說不定仍有小鳥或老鼠在偷聽妳說話。」她受訪時也提到，美國現在的氛圍與北韓很相似：每當談論到政治，就會被人威脅不怕遭到取消嗎？人們如同放棄了言論自由一樣。

二〇一八年，自由主義派媒體《紐約時報》播放了朴研美的影片談話，內容是她要求時任總統的川普，向一直以來施行人權侵害的北韓強力施壓[69]。此前的朴研美原本是「自由主義派的寵兒」，但由於她轉而批評取消文化，所以目前的她被視為「保守派的寵兒」以及「自由主義派的敵人」。

接受福斯新聞採訪的前一年（二〇二〇年八月），人在芝加哥的朴研美帶著孩子與保姆外出時，遭到一群黑人包圍並被摸走錢包。當時她揪住了其中一名黑人女性，該女性吼叫道：「妳這個種族主義者，別因為我的黑皮膚就把我當作小偷！（The color of my skin doesn't make me a thief!）」並且捶打朴研美的胸口。因為這場騷動而靠近過來的白人們，全都支持那名黑人女性同時妨礙朴研美報警，她無奈之下只能放了該名女性。

爾後該名二十九歲的黑人女性，因為盜用朴研美的信用卡搭乘計程車而被逮捕[70]。朴研美表示這件事是一個開端，讓她公開表明與「（高舉社會正義的）Woke（覺醒者）為敵」。

為何自由主義知識分子會遭到取消

一位命在旦夕好不容易從北韓暴政下逃離的女性，說自己在「自由國度」美國的頂尖大學中，經歷到來自左派（The Left）那種無異於北韓的「壓迫」。這話聽起來很像「天方夜譚（但卻是事實）」，然而美國大學校園裡頻繁發生的「異常」事件，早已被傳得沸沸揚揚。

其中著名的案例之一，就是二〇一五年發生在耶魯大學，針對尼古拉斯與艾瑞卡，也就是克里斯塔基斯（Christakis）夫婦的取消事件。尼古拉斯遭到學生們長達兩個小時的圍堵砲轟，由於有人拍下整個過程並傳到網路上，因而引起全國關注。

希臘裔美國人尼古拉斯・克里斯塔基斯（Nicholas Christakis），是網絡理論和公共衛生方面的最高權威。尼古拉斯的著作《藍圖》（Blueprint）[71]，是一本連比爾・蓋茲（Bill Gates）都激賞的暢銷書，他也因此書成為美國自由主義知識分子的代表之一。妻子艾瑞卡（Erika）不但在公共衛生方面亦是兒童教育方面的專家。夫婦倆時任耶魯大學十二間宿舍之一，西利曼學院（Silliman College）的舍監和副舍監。

每逢萬聖節，美國學生便會隨心所欲地變裝打扮；但是在耶魯大學的話，有時會招來文化挪用（Cultural Appropriation）的爭議。校方為此傳送了一封郵件給學生，內容中還展示出「建議」與「不建議」的服飾，以避免某些可能含有不愉快元素的穿著出現（例如：白人學生打扮成美洲印第安人等）。

專長於兒童教育領域的艾瑞卡，為郵件一事與丈夫尼古拉斯討論後，寫了一封回信：「大學有必要連萬聖節服裝都指導學生怎麼穿嗎？（應該多把學生當成大人對待）。」或許有人認為這沒什麼大不了，但該信件卻被視為「容忍帶有種族歧視的變裝」。將近一百五十名學生湧向克里斯塔基斯夫婦居住的西利曼學院，用粉筆塗鴉寫道：「你們的住處已經曝光了！」並要求他們撤回信件與道歉。

尼古拉斯在宿舍中庭回應學生，向學生道歉對他們造成了傷害。不過他接著表示，一個開放社會的基礎，在於容忍言論與表現自由的能力。因此拒絕要求妻子撤回信件，結果遭到了學生們的謾罵攻訐。

某一名黑人女學生說：「對我而言，這裡（耶魯）已不再是個安全的場所。」她以此為由，指控尼古拉斯說的話和艾瑞卡的信件是「暴力行為」。另一名黑人女學生，則在與尼古拉斯交談的當下哭了起來，並表示講什麼都沒用。

即使我們在人生經驗、膚色、性別上的認知不盡相同，但依然能夠理解對方——

當尼古拉斯敘述到這裡時，有一名黑人男學生譏斥說：「你看看我，仔細看我，瞭解了嗎？你和我是不一樣的。感謝老天，我們都是人類，這一點應該不難理解。但是，你的經驗和我的經驗，怎麼可能會有所關聯。」接下來，周遭的學生便開始發出噓聲[72]。

還有一名黑人女學生怒罵說：「舍監的工作明明是為了幫住宿在西利曼的學生營造一個舒適空間和家庭般的環境，但你卻沒有做到！」然後又撂下一句狠話「你真令人作嘔！」（You are disgusting.）——雖然許多人轉發了此幕場景，不過觀看 YouTube 影片時便可瞭解，這名女學生開始謾罵尼古拉斯的時候，許多學生已經離開現場了。

騷動過後，尼古拉斯辭去了舍監一職，艾瑞卡則離開了耶魯。艾瑞卡後來吐露說：「雖然許多教授私下非常挺我們，但他們並沒有公開贊同或表達支持。他們大概是考慮到『風險過大』，害怕遭到報復的緣故吧。」

「左派（The Left）取消自由主義派人士」一事，給美國的知識分子帶來了非常大的衝擊。針對只會要求「心理安全感」的學生們，「雪花世代」（Snowflake Generation）一詞於是應運而生，意指學生們像一片雪花般易受傷害。

「免於受傷害的權利」是基本人權

社會心理學家強納森・海德特（Jonathan Haidt），和記者兼表現與言論自由維權活動人士葛瑞格・路加諾夫（Greg Lukianoff），於二〇一五年在雜誌發表文章〈被寵壞的美國大學生〉之後，引起了各界熱烈討論（該文後來成為出書基礎，並於二〇一八年出版單行本，中文版的書名是《為什麼我們製造出玻璃心世代？》[73]）。

海德特與路加諾夫介紹了「寵壞」的代表，即近年來出現在美國大學校園中的「安全空間」（Safe Spaces）。

當保守派評論人士發表演說，批評左派的主張「美國是個有強暴文化的國家」之際，知名布朗大學的校園裡（位於羅德島州，為常春藤大學聯盟之一），學生們主動設置了一個場所，以便「能讓憶起心理創傷者靜養並獲得支持」（安全空間）。據說該場所中，「備有餅乾、著色本、吹泡泡玩具、黏土套組、療癒系音樂、枕頭、毯子、小狗活潑跑來跑去的影片，甚至有接受過心理創傷照護訓練的學生、工作人員等進駐服務。」

兩位作者表示，「二〇一三至二〇一四年起，校園中就開始發生一些令人訝異的事件；而在二〇一五至二〇一七年間，那種怪異程度和發生頻率還不斷地上竄。」並且認為，這些事件的背景之一是 iGen 成為大學生。

iGen是「網際網路世代」（Internet Generation／又稱i世代）的簡稱，一般人把此世代稱為「Z世代」。不過「世代論最高權威暨心理學者」珍．特溫格（Jean Twenge），則為了強調此世代與社群媒體的關係，而提出這個語詞。「其（世代）區分是，一九九四年出生的孩子為Y世代的末代，一九九五年出生的孩子是iGen的第一代」。二〇〇六年，iGen最年長的第一代已來到十一歲，該年正逢Facebook變更註冊條件：無須證明自己是大學生，只要年滿十三歲（或假裝成十三歲），即國中生年齡就可以註冊。

iPhone問世是二〇〇七年，前後年間各種社群媒體陸續登場，例如：Facebook（二〇〇六年）、Tumblr（二〇〇七年）、Instagram（二〇一〇年）、Snapchat（二〇一一年）等，美國年輕人的社交生活也隨之產生了重大變化。因為「iGen是第一批世代，這群處於人格形成期的青少年，完全在社群媒體這種社會暨商業性質的實驗中度過（現在亦然）。」

近年來，iGen罹患焦慮症、憂鬱症的比率以及自殺率，遠較Y世代來得高的情況，已成為美國社會的一大問題。以下是海德特與路加諾夫舉出的資料，從中顯示出美國年輕人身上正發生一些令人驚訝的狀況。

資料指出，自二〇一一年左右起，青春期女孩罹患憂鬱症的比率便急速上升；來到二〇一六年，大約每五位女孩就有一位症狀符合憂鬱症的發作標準。對於這份資料，某些人必定會反駁說：是不是憂鬱症的診斷標準改變了。然而，「青春期孩子的自殺率與憂鬱症的增加齊步攀升」的此一事實，卻無法用標準改變來說明。

某項研究調查了美國國內六十六家醫院的資料，資料時間甚至回溯到二〇〇一年，據此推斷美國整體自殘行為的比率。該研究推測出，十五至十九歲的男孩裡，每十萬人中約兩百人會有自殘行為。另一方面，同年齡層女孩的自殘行為推測是：二〇〇一至二〇〇九年，每十萬人中約有四百二十人，數據相對穩定。可是二〇一〇年以後卻開始逐步增加，二〇一五年時，已來到每十萬人中就有六百三十人（高中年齡女孩的自殘行為比率，是同世代男孩的三倍）。

在十至十四歲這個年齡層，女孩的自殘行為更是急速增加。二〇〇九年，每十萬人中約有一百一十人左右；但在二〇一五年卻攀升至三百一十八人，數量幾乎增加了三倍。由於在整個調查期間，同年齡層的男孩僅約四十人，因此這顯示了國中年齡左右的女孩，自殘行為是男孩的八倍。

此外，回答自己患有精神疾病的大學生百分比，男大生方面，從二〇一二年的百分之二・七上升至二〇一六年的百分之六・一；同時期的女大生方面，則從百分之五・八上升至百分之十四・五。令人驚訝的是，目前美國女子學生當中，七個人就有一個認為自己罹患精神疾病（在Y世代即將結束時，是十八人比一人）。

二〇一〇年十月，Facebook的一名前員工，以內部文件為依據在美國參議院證實說：「公司經營團隊馬克．祖克柏等人，明知有證據指出Facebook與Instagram會危及兒童，但仍擱置問題，以公司利益為優先。」雖然目前似乎尚無決定性的證據出現，但有很多研究人員認為，年輕人的憂鬱症和自殺與社群媒體脫不了關係。

大學愈自由，取消風氣愈猖狂

正因為身為數位原住民（Digital Native）的年輕人們愈來愈容易受傷，大學當局才會過度地保護他們，不過卻也使得狀況更加惡化。

美國較之日本更是個不折不扣的精英統治社會，大學與非大學畢業者，終身所得差距高達兩倍之多。於是許多年輕人就硬著頭皮辦助學貸款，試圖取得「一紙大學畢業證書」。在此情形下，美國大學的在學學生人數推估有兩千萬人，大約已達同世代人口的四成。

與此同時，大學的學費高漲，並不斷地往「大學企業化」邁進。於是大學的職員，把年繳學費最高達六萬美元（約兩百萬新台幣）的學生們奉為座上賓，並基於善意與明哲保身，過度管制唯恐有害學生心情的事物。海德特與路加諾夫認為，美國大學現在所發生的情形有如一種悖論（Paradox），這就像想儘量讓孩子們避免接觸花生，卻適得其反增加了他們花生過敏的風險一樣。

一個弔詭的現象是，「美國國內最講求進步主義的區域中（新英格蘭地區與西海岸），同時以進步的政治思想聞名的大學裡」，取消文化風氣顯得最猖狂。儘管這些大學一直以來，都比其他地區更熱衷地推動「進步與包容性兼備的社會政策」，但可能也因為如此，才會遭到取消風暴的激烈侵襲。

如經常為人所指的，美國大學裡捍衛「極左派或進步主義」的教職員正在增加，支持「中間路線」和「極右或保守派」的教職員卻一貫地減少。結果就是，近年來「校園裡的大部分討論，都是左派內部的兩方意見爭執。其分別是：在言論自由上抱持開放態度的年長進步主義者（大部分）、在包容性名義下傾向支持限制言論的年輕進步主義者（大部分）。[74]」

於是，左派（The Left）便開始針對自由主義派進行取消運動。不曉得該背景是否基於不安情緒在教職員們當中升高之故？因為他們失去了終身教職（Tenure），工作職位飄搖，所以才會擔心自己遭到取消。

美國的學術圈中，白人占有率失衡地偏高，「有色人種」尤其黑人特別少，這是任誰都知道的現象。對於這種不合理的事實，可能會遭到「糾責」的白人年輕教職員們為了自保，而不得不一步步地把自己強調為「社會正義戰士」（SJW）。學生們就是看出了這些約聘教職員的擔憂，於是便動輒採取暴力式的「社會正義抗議行動」。若從這一點來思考，大概就能理解在美國自由主義區域中的自由主義派大學裡，為何會發生「異常」事件了吧。

白人「從出生前」就是種族主義者？

批判性種族理論CRT（Critical Race Theory），是美國BLM運動中（Black Lives Matter／黑人的命也是命）左派（The Left）抗議的核心。關於該理論，（與其他理論相同）有著局外人難以掌握的海量討論，假使硬要簡約濃縮，亦即：CRT認為「白人優越／黑人低下」的構造性歧視，向來都深嵌在美國社會的各個面向裡。一九七〇年代，黑人法律學者德瑞克・貝爾（Derrick Bell）提出了「利益收斂理論」（Convergence of interest），他表示：「如《奴隸解放宣言》（Emancipation Proclamation）所示，黑人的權利之所以能夠擴大，終究只有在符合白人利益（收斂為白人的利益）的情況下。」

此一觀點，爾後為黑人法律學者們承襲，反種族歧視行動主義者（Activist）發揚光大，進而把美國國父喬治・華盛頓（George Washington）和湯瑪斯・傑佛遜

（Thomas Jefferson）視為「奴隸所有者」，（回溯歷史）對先人們進行取消活動。結果反對「修正歷史」的保守派，群起對他們發動「總攻擊」[75]。

不過，批判性種族理論本身是一種歧視力學的一般性分析。這種歧視力學，產生自多數族群與少數族群之間。

日本社會方面，無論是歷史抑或文化，性別分工均已根深蒂固。由於這表現在政治（國會和地方議會的女性議員比例極少）、經濟（雖然企業已增開女性職缺，然而目前董事長、總經理等高階主管仍多由男性擔任）、社會（女性會為了生產而辭職，待小孩長大之後重回職場時，卻只能屈就低薪的兼職工作）等面向，結果在顯示男女社會差距的性別落差指數（Gender Gap Index）排行中，造成了日本全球墊底的汗顏情況——筆者如此分析，大多數的人應該都會贊同吧。

美國的種族問題亦然。因為這是從奴隸制度而來的歷史與結構性歧視，所以不只在政治、司法、經濟上，文化、社會等方面至今依舊深受影響。諸如此類的一般理論，不曉得包含白人在內的大多數美國人，是不是都同意呢？但若要說其中的糾葛在哪裡，就起因於左派（The Left）主張「白人是與生俱來的種族主義者」，使得該理論趨於極端化。

豈止如此，一位名叫羅蘋・狄安吉羅（Robin DiAngelo）的白人女性，她不僅在企業和政府機關等處開設的多樣性（Diversity）課程中擔任培訓講師，也是種族正義（反種族主義）的行動主義者。在BLM運動正盛的二〇二〇年，狄安吉羅出版了一本躍上紐約時報暢銷書排行第一名的《白色脆弱》（White Fragility）。她在書中闡述，白人母親從懷孕到生產的這段期間，在醫院和保健中心等地受到的待遇，明顯與黑人母親不同。因此她主張：白人「從出生前」就是個種族主義者[76]。

來自白人自由主義者的無意識種族歧視

美國社會中的黑人年輕人，經常會遭受到警察不合理的對待。在這種情形下，為了避免飛來橫禍，母親們都會叮囑兒子類似的話：「車子被攔下來的時候，一定要有確保自身安全的方法；雙手經常保持在警察看得見的狀態，而且視線需與對方接觸。」

在一場思考種族問題的聚會上，當講述這件事的黑人母親一哭出來，在場的大多數白人女性也跟著哭了起來，並摟住黑人母親安撫她的情緒。白人與黑人母親心意相通的這幕光景，或許有人認為很溫馨，但是當時在場的狄安吉羅卻感覺到非常突兀[77]，她表示：

> 雖然該舉動出於（白人女性的）體貼，卻讓我感到非常不恰當。我身

為一位不曉得那種痛苦，而且也沒必要明白那種痛苦的白人母親，有資格對她們說「別難過」、輕拍她們的背、或摟抱她們嗎？（中略）會想安慰覺得痛苦的人，也是人之常情。然而就種族來說，我們白人在這種情況下，對本身所處的立場必須要有自覺並且不可欠缺。

在狄安吉羅的世界觀裡，美國社會斷然被分割為（擁有特權的）白人「加害者」與（權利遭剝奪的）黑人「受害者」；所以白人無論什麼時候，都必須要自覺本身具有的「加害特質」。

從此處可瞭解到，狄安吉羅認同的「種族正義」，其反對的並非是白人至上的那種明目張膽的種族主義。那是美國社會自一九六〇年代之後，長達半世紀以上的時間，自由主義一直在對抗的。

然而，種族主義卻絲毫沒有因為該對抗而有所改善。倘若如此，那麼問題的癥結點一定不在白人至上主義裡，而是存於（自稱）「不斷與之對抗」的自由主義當中——根據左派（The Left）的邏輯思維，他們只能得出這樣的解釋。

來自於自由主義派白人的無意識種族歧視，狄安吉羅將其命名為「善意的種族主義」（Nice Racism）。此處所使用的「善意」，等同於「善良人士」（Nice Guy）這個語詞。大概就像常出現在電影和影集中，那種「開朗、善良又親切」的美國白人（無論男女），亦即是白人的自我形象吧。

狄安吉羅表示，大多數黑人在街上、學校和社會中接觸到的白人，都是講求進步主義的白人，而非白人至上主義者那種激烈的種族主義。正因為如此，所以再怎麼批判像新納粹主義這樣的極端邪教，都無法改變黑人平時會遭遇到的種族主義。狄安吉羅針對自由主義派的指控如下[78]：

> 正因為我們是講求進步主義的白人，所以才會一面展露微笑，一面以不可捉摸又能輕易否認的方法，不斷地貶低黑人。而且正由於白人進步主義者，向來都認為自己「不是種族主義者」，因此對所有指責均非常地有自我防衛心。同時，我們也總以為自己置身於問題的外沿，因而看不出有進一步行動的必要性。對於日漸擴大的白人民族主義（White Nationalist）運動，這種自我滿足，無疑阻礙了對抗該運動的組織化和行動。

前文指控中，那種溫和自由主義者的「基於事實的樂觀主義」，亦成為左派極度厭惡他們的理由。倘若美國社會，果真如演化心理學者史蒂芬・平克（Steven Pinker）等「理性樂觀主義者」所述，在種族問題上也趨於更自由開放，可是黑人卻仍然處於貧窮的話，那就只能是他們「自己的責任」[79]。

日本人基本上不會成為「種族主義者」？

由於左派的批判性種族理論，以善惡二元論詮釋世界——「白人（加害者）」與「黑人及異色人種（受害者）」——因此發生在白人以外的種族相關歧視和偏見（至少根據羅蘋・狄安吉羅的說法是如此），在定義上不會歸類為「種族主義」（我之所以說只有白人是種族主義者，其意思是在美國這個國家，凌駕於非白人的集體性、社會性、制度性力量與特權，只有白人才擁有；非白人並不具有超越白人的力量與特權[80]）。亞洲人屬於有色人種，所以即使在言行舉止上歧視其他人種，似乎並不會被視為「種族主義者」。

但此類極端定義，卻是拿一項更甚於保守派的嚴苛要求，來衝撞自由主義派白人。即使某自由主義派白人周遭存在著有色人種的同事和朋友，或者與有色人種結婚生養孩子等，無論他們打算做什麼事，只要生而為「白人」，就會被貼上「種族主義者」這類極惡劣的標籤。

從生為「異色人種」一員（黃色人種）的筆者看來，狄安吉羅的邏輯會讓筆者覺得，這似乎是一種基督教的「原罪」與佛洛伊德主義（精神分析）的荒謬組合。雖然美國白人背負著生為「白人」（whiteness）的原罪，卻為了試圖維護「白人的特權」而無意識地壓抑原罪。特別是自由主義派的白人，他們透過把「壞蛋白人（白人至上主義者）」妖魔化，以利外化（Externalize）自己內心的「惡」，並否認或正當化存於自身的種族主義……。

然而這麼一來，無論怎麼說明、辯解、抗議（抑或賠罪），依舊全被視為「遭壓抑的種族主義」。

當然了，出生為白人的狄安吉羅，自己也沒能從種族主義中逃脫出來。她只能反覆累積努力、持續追求她要的「種族正義」理想。所以，美國白人或許不僅「從出生前」就是個種族主義者，連死了都逃不出種族主義原罪的手掌心。

倘若如此，我們應該可以把追求「種族正義」的行動主義，設想為一種「宗教運動」。

微歧視

由於社會價值觀的轉變（趨於自由化），大概所有人都會同意，各種歧視已逐一被廢除，例如：吉姆・克勞法（Jim Crow Laws／禁止與限制黑人使用一般公共設施）、南非的種族隔離制度（Apartheid）或是把女性排除在參政權之外等。而日本的情形則是，在戶籍制度上因為與天皇制相抵觸的關係，所以有關討論幾近原地踏步，關於夫妻不同姓以及同性婚姻方面，根據民意調查，大多數人（六至八成）的回答是：「這應該是個人自由（限制別人「過自己想要的生活」很奇怪）。」

諸如此類「大寫的歧視」（顯而易見的歧視）能夠消失固然最好，不過如此一來，人們的關注必然會轉向較為隱蔽晦澀的歧視，即「小寫的歧視」。由於目前此一領域中的社會共識尚未達成，因此價值觀（政治意識形態）上的激烈衝突便接連不斷。

微歧視（Microaggression），指的是晦澀又不自覺的歧視。此一概念原本提出於一九七〇年代，不過二〇〇〇年代時，由於哥倫比亞大學華裔心理學教授隋文（Derald Wing Sue）大力提倡，因而獲得矚目[81]。

舉例而言：有位年輕的黑人男性正要進入電梯，可是另一位已先進入電梯的白人女性卻急忙地出電梯。那位女性到底是單純地想起有事要辦？還是討厭與黑人男性獨處呢？——如果有人心中會不由得這麼想的話，那就是典型的微歧視。

隋文的觀點是，少數族群平日不僅會經歷類似的「小寫的歧視」，並且還會因為消耗認知資源（Cognitive Resource）而身心俱疲。若看見某人揮舞象徵白人至上主義團體的三K黨（註：Ku Klux Klan，簡稱三K，是美國種族主義的代表性組織，其奉行歷史上三個崇尚白人至上主義和基督教恐怖主義的民間團體。）旗幟，立刻便能瞭解那代表種族主義。但如果只是抓緊包包或確認口袋中的錢包等動作，就極難判斷對方是否有冒犯的意思（攻擊、侵犯、敵意等）。

況且，指責一個只是抓緊包包的白人女性有微歧視，該指責本身已經具有高度的「冒犯性」。那位女性說不定會抗議這是對她的侮辱：儘管自己的動作沒有任何歧視的意思，卻被單方面地斷定是「歧視」；再者，如果自己的行為真的是一種微歧視，或許該要求對方提出必須能說服人的證據。

然而當然不會有那樣的證據，可是前文例子中的黑人男性，確實因為感受到白人女性的「不自覺歧視」而受傷。對此，說不定該位黑人會認為：對方的強硬反駁，是有意要把這類的歧視態度（無意識地）正當化。

若以這個邏輯而言，情感（心情）受到傷害，即可算是微歧視的證據。但如果對方不承認，基本上雙方的看法便無法達成一致；會繼續下去的，大概就是永無止境的唇槍舌戰吧！隋文在書中也寫了自己不愉快的體驗：搭乘飛機期間，被要求更換座位的是自己與黑人同事而非其他白人乘客；雖然當時已向空服員抗議這是「種族歧視」，但結果只是一場徒勞無功的爭論。

前述狄安吉羅指控自由主義派白人帶有「善意的種族主義」一事，也可以援引微歧視進行說明。然而問題是，微歧視無法以法律制度解決，因此必然得失禮地窺探對方的內心世界吧（雖然你堅持沒有歧視別人，但我卻知道那是一種歧視）。

多元交織性

在左派（The Left）的世界觀裡，美國社會是由「白人（加害者）」與「黑人（受害者）」構成。無獨有偶，早期的女性主義，也以「男性（加害者）」與「女性（受害者）」之間的對立描寫社會。

由於單純的善惡二元論簡單易懂，所以廣為人們接受（因為我們的認知資源十分有限）；但是該理論與複雜的現實之間，會產生巨大扞格亦屬必然。最初指出此事的，是一九七〇年代具有「黑人」、「女性」、「女同性戀」等多重少數族群身分的女性們。

在一九七四年的「黑人女性主義者聲明」（The Combahee River Collective Statement）中，黑人女性抗議特定團體擁有優越地位。因為這群黑人女性，在反種族歧視運動以及女性主義運動裡受到的對待，就彷彿是黑人男性和白人女性的附屬物。黑人女性法律學者金柏莉・克雷蕭（Kimberlé Crenshaw），在一九八九年的論文中，把這種情形定義為「多元交織性」（Intersectionality），該定義直至今日依舊影響甚巨[82]。

無論你我是否察覺，我們都擁有多重的身分認同。以日本的情況來說，根據統計顯示，（包含筆者在內）閱讀本書的人大多是「日本國民或僑民」（百分之九十七）、「異性戀者」（百分之九十五）、「（性別認同與生理性別一致的）順性別者」（百分之九十九・五）。不過在日本社會中，仍然存在著「旅日外國人」、「同性戀者」、「跨性別者」等在身分認同上不一樣的少數族群。

所謂的「多元交織性」，即如前文所示，是各種身分認同（英文以複數表示：Identities）重合的「交織點」（Intersection）

這即意味著，礙於族群框架採用多數對少數的簡陋劃分，使得此前甚至無法列入少數族群遭見棄的人們，現在已能被大家看見；這點在多元交織性概念中，有其重大意義。但很快就會發現，隨著社會的自由化和複雜化，身分的數量將會無限增加。

批判性種族理論，尤其受到白人和黑人的Woke（高意識系）喜愛。但是該理論把具有多元性的人類族群，二分為「無色（白人）」與「有色（有色人種）」；日本人（黃色人種）因而被擺放到「異色人種（ＰＯＣ）」這個類別，等同於黑人、西班牙裔、印第安人（美洲原住民）等人種。這麼一來，當然就會有人感覺到無法展現「自我特質」吧。

美國國內一般使用的「亞洲人」這個種族類別，是把存在於歐亞大陸的多個相異地區，例如：東亞、南亞、東南亞、中亞、西亞等，歸納為單一區域。然而，無論是日本人還是印度人，大概都不會把彼此視為是同一民族（Ethnic Groups）吧。伊朗和印度北部的「雅利安人」是高加索人種（高加索人），與歐洲白人擁有相同的遺傳根源；西亞和西北亞，則渾然概括在「伊斯蘭教」世界裡。甚至連「黑人」（Black）的根源，亦開始走向細分化，例如：非裔美國人（奴隸的子孫）、非裔拉丁人（來自中南美的移民）、非裔加勒比海人（來自加勒比海群島的移民）等。

若仿造前文把多元交織性貫徹到底，尋求每個人都能感受到的「自我特質」組合，例如：國家、民族、部落、宗教、文化共同體、性取向、性別認同等，身分認同將只會持續分解並細碎化。其必然的結局，可能是產生出八十億個身分認同，因為每個人都能主張本身獨特的「自我特質」。

於是，目前連左派的行動主義者（後現代左翼），都已經開始以破壞團結、稀釋社會運動為由，批判多元交織性觀點（過度的身分認同政治）。

刊載在學術期刊的惡搞論文

揭示社會正義引領取消文化的左派（The Left），其行動依據在於分支有「文化研究」（Cultural studies）、「性別研究」（Gender studies）、「CRT（批判性種族理論）」等的「批判理論」（Critical Theory）。為了凸顯該批判理論（以下簡稱《理論》）的樣貌已經變得有多麼愚蠢，英國寫作評論家海倫・普魯克羅斯（Helen Pluckrose）、美國數學學者兼文化評論家詹姆斯・林賽（James Lindsay）和哲學學者暨前波特蘭州大學助理教授彼得・博格西安（Peter Boghossian）三個人，進行了一項「實驗」：他們把惡搞論文投稿到討論社會正義、設有同儕審查的（於該領域）知名學術期刊。

投稿結果是部分論文得以在網路上發表。當中的過程約略是，他們從二〇一七至二〇一八年，寫成了二十篇惡搞論文投稿。沒想到，其中有四篇經審查後在網路上公開，有三篇獲准接受（沒有修改的要求，但作者們的「實驗」因為媒體報導而必須中止，不然這三篇就會公開）。「再度提交」的兩篇論文，通過審查的可能性很高（一般而言，只要修正審查者建議的部分就能夠刊登）。有一篇處於「審查中」的狀態，另外十篇因為有的「被拒絕」、有的無法按照審查建議修正，作者們因此撤回[83]。

一般而言，美國大多數的主要大學，只要教師能在七年內於學術期刊上發表七篇論文，該成果就足以讓該教師取得終身教職（Tenure）。這三位作者透過「惡搞論文」，僅一年間便成功地讓（至少）七篇論文刊登在學術期刊上。如果這樣都能成功，那麼該領域的「學術」到底算什麼呢？

其中一篇備受討論的惡搞論文〈人類的反應：針對奧勒岡州波特蘭市內狗公園中的強暴文化和酷兒操演性（Human Reactions to Rape Culture and Queer Performativity at Urban Dog Parks in Portland, Oregon.）〉[84]，是由（當時彼得任教的）波特蘭州立大學，一位以「Helen Wilson」為假名的虛構性別研究學者，投稿至「女性主義地理學」（Feminist Geography）的知名學術期刊《性別、地區與文化》（Gender, Place and Culture）。這位「Helen Wilson」，把黑人犯罪學和性別研究（採批判觀點檢視性暴力）的論點，套用至「由人類與動物交織的獨特都市空間」，打算從犬隻與其飼主之間的互動，挖掘出「存在於性別、種族、同性戀面向中牢不可破的系統」，因此對狗公園進行觀察。

「Wilson」特別關注的地方是，針對犬隻之間的性暴力（試圖以狗爬式體位強姦對方），飼主會做何反應。

根據「論文」的說法，狗公園中，大約每六十分鐘會發生一起「強姦」事件、每七十一分鐘會發生一起「暴力」事件（犬隻打架）。該強姦事件到底是性暴力？還是情投意合的性行為？「Wilson」的判斷基準是：「狗爬式體位中的受方犬隻，狀況看起來是否明顯不樂於這項活動」。

該「研究」的結果是，由公狗施行性暴力的比率為百分之百，「受害者」有百分之八十六是母狗、百分之十二是公狗（剩下的百分之二為無法確定性別）。耐人尋味的是飼主的反應：當某隻公狗試圖「強姦」另一隻公狗時，飼主會介入的機率為百分之九十七；可是當被「強姦」的對象是母狗時，飼主會介入的機率僅有百分之三十二。豈止如此，百分之十二的飼主反而還會鼓勵公狗，百分之十八的飼主則會笑出聲來。相反地，對於公狗之間的性行為，僅有百分之七的飼主會笑出聲來。研究認為，這種反應看起來與「恐同症」（Homophobia）一致。

令人訝異的是，知名女性主義期刊的審查者們，居然給予這篇「（愚蠢的）論文」極高的評價。而且該期刊的編輯還提議刊登這項「研究」，以作為創刊二十五週年的「紀念論文」……。

《理論》的源流是傅柯與德希達

除了「狗公園論文」之外，通過審查並刊登的「惡搞論文」還有其他篇，例如：

「肥胖健美」（Fat Bodybuilding），主張讚賞肌肉結實的身體是一種文化歧視，提出健美評分標準應加入脂肪量；「假陽具」（Dildos），主張異性戀男性若自行將性玩具（震動按摩棒）插入肛門自慰，便可藉此減少恐同症或跨性別恐懼等。由於這些「惡搞論文」取得高度評價，作者們甚至還獲得額外的驚喜——接獲期刊邀請擔任審查者，審查其他研究者寫的四篇論文（其四篇非惡搞論文，不過據說他們以「學術倫理為由」拒絕該邀請）。

但這項頗有意思的「實驗」卻不得不被迫中止，由於「狗公園論文」在社群媒體上爆紅，媒體便開始找尋「作者」。後來，華爾街日報和紐約時報大肆報導這樁「學術醜聞」，而因作者們「實驗（惡搞）」上當的學術期刊，也接連地撤回這些假論文。事件的後續亦波及作者們，三人當中唯一從事教職的彼得・博格西安，以「遭受到各種騷擾及報復」為由，於二〇二一年辭職離開波特蘭州立大學。

爾後，海倫・普魯克羅斯與詹姆斯・林賽根據這項實驗，出版了《犬儒理論》（Cynical Theories）一書。兩人採用批判觀點，分析取消文化的思想基礎「批判理論」[85]。

無庸置疑地，作者們自然遭到了來自左派的抨擊與撻伐，指稱他們為「右翼」、「極右」和「歧視主義者」。然而另一方面，批判取消文化的自由主義知識分子，如：

理察・道金斯（Richard Dawkins）和史蒂芬・平克等人，則給予這項「實驗」和著作極高的評價。

法國的後現代思想，起源於斐迪南・德・索緒爾（Ferdinand de Saussure）的語言學理論，以及將其應用於人類學的克勞德・李維史陀（Claude Levi-Strauss）的結構主義。這是一種對現代主義（Modernism）所展現的大敘事（Grand narratives），提出異議的思想運動。爾後，此一新思潮不但將觸角延伸至文學與電影，亦進入心理學（精神分析）、社會學（權力理論）、經濟學（消費資本主義的分析）等領域。日本方面，自一九七〇年代起，在一群對學術知識潮流敏感的年輕人當中，該新思潮也傳播開來。不久之後，終於掀起了一股空前的「現代思想旋風」（其後為次文化批判等承襲）。

海倫・普魯克羅斯與詹姆斯・林賽亦討論到，在這一股後現代思潮中，米歇爾・傅柯（Michel Foucault）的權利論與雅克・德希達（Jacques Derrida）的解構思想，特別被移植到美國來，並且對後殖民理論（文化研究）、酷兒理論、性別研究、批判性種族理論（ＣＲＴ）等，《理論》的分支產生巨大影響。

後現代思想的二次轉向

應用後現代主義（Applied Postmodernism），是自一九八〇至一九九〇年代在美國開始發展的新觀點，特色是結合後現代思想與社會正義。但是熟悉法國後現代思想（始祖）的人，應該會覺得這個組合非常地突兀吧。原因在於，後現代主義是一種貫徹相對主義的思想運動，它拒絕現代（西方現代性）強加的真理與正義，認為無論何處均從未有穩固不變之物。

然而應用後現代主義，卻又在美國被導入「正義」的概念。若要說這種「特技」（Acrobatics）為何可行？那是因為它是「少數族群的正義」。

傅柯否定諸如國家、警察、軍隊等「（大寫的）權力」，正在壓迫民眾之類的簡化敘事，他的論點是，權力的網絡是由我們每個人構成的。權力關係不但深嵌在政治亦深植於文化，特別是論述言說（Discourse），沒有任何一個人能夠從權力性中解放出來，也不存在有秉持革命目標與「權力」鬥爭的無垢主體。德希達也抱持相同的論點，他敘述道：我們所能做的，就只是以批判性的觀點，「解構」深嵌在權力構造裡的書寫言說（Écriture）。

不過，「應用後現代主義」人士的解釋是，藉著把傅柯與德希達的思想套用至各種文化現象中，不僅能揭露殖民主義、種族歧視、性別歧視、ＬＧＢＴ歧視等的痕跡，還可將其作為一種「解構」來與「歧視」鬥爭——這就是後現代思想的第一次轉向。

後現代思想認為種族、性別差距等，均是「社會建構的產物」。然而，來到二〇一〇年代以後的「物化後現代主義」（Reified Postmodernism），則轉變了解釋：深嵌在文本裡的歧視實際存在於現實中（實際存在的，並非是生物學上的「種族」和「性別差距」，而是該社會建構的產物）。

透過此第二次的「轉向」，後現代思想便從單純的文化批判，轉變為「社會正義」運動。倘若文本中的「歧視」（真實事物）實際存在，就應該能把那些歧視揪出來，針對作者、製作人和媒體（平台）發起「取消」運動，以消滅（或至少減少）歧視。

於是，從政治家、知識分子、演藝人員等名人的言行舉止中，找出「父權制、白人至上主義、順規範性（Cisnormativity／將男、女性的順性別認同視為常態）、異性戀常規性（Heteronormativity／將異性戀者視為常態）、健全主義（Ableism／排除身心障礙者）、肥胖恐懼症（Fatphobia／厭惡肥胖者）」等，並進行糾責與解構的行動主義，便逐漸傳播開來。

海倫・普魯克羅斯與詹姆斯・林賽的主張是，經由這兩次的思想轉向（即「特技」Acrobatics），原本應該否定「絕對正義」的後現代思想，結果逆轉成一種把少數族群當作「絕對正義」的思想。

是否得為自己的肥胖負責

物化後現代主義到底是個多麼怪奇的理論，筆者就以「肥胖研究」（Fat Studies）為例與大家來一探究竟。附加說明，日本與美國在「肥胖」的定義上有所不同：日本方面，BMI指數（體重除以身高的平方所得到之體格指數）在二十五以上就算是肥胖；美國方面，BMI指數二十五至三十為體重過重、超過三十才算肥胖（註：台灣方面則是BMI指數大於或等於二十七）。而本文中所稱之「肥胖」，是以平均身高一百七十公分左右的日本男性，體重超過一百公斤的情況為例。

肥胖研究循著後現代主義的形式，將肥胖視為社會建構下的產物。對於肥胖的厭惡（肥胖恐懼症），與社會上對於同性戀者、跨性別者等的厭惡（恐懼）相同。

美國的「全美接納肥胖促進協會NAAFA」（National Association to Advance Fat Acceptance），雖然早在一九六九年就已成立，不過直到一九九〇年代才真正展開肥胖者的平權運動。相關的身體自愛運動（Body Positivity），以接納與頌讚「肥胖的身體」為目標；「全體型健康運動」，則主張無論哪一種尺寸的體型都能活得很健康。對於肥胖的否定看法，等同是對種族、性別、性取向之類的否定，皆為一種針對無法變更之屬性的偏見。

可是，諸如此類的肥胖者平權運動，爾後卻遭到肥胖研究的批判。起因於身體自愛運動，「強調的是個體性而非群體性」。

對《理論》來說，歧視的罪魁禍首終究是深嵌在社會中的權力關係，問題不在於遭受歧視的個人。然而身體自愛運動，卻讓個人去承擔「愛護身體滿意自己的責任」。據說此一「責任化」，無異是捨棄歧視同性戀者的社會不顧，卻數落同性戀者「要更自愛」。

話雖如此，這種觀點卻有其危險性。美國歷史上有一段強制「治療」同性戀者的過去，治療方法有時還頗為殘酷。不過現代人大多已普遍理解，性取向是與生俱來的，無法當作病症治療。倘若將肥胖與同性戀兩種歧視相提並論的話，即代表也應該要否定「治療」肥胖才對，而實際上亦存在著類似的看法。

體重與身高的遺傳機率幾近相同，所以是否為易胖體質，由遺傳先天決定的機率相當大。這就意味著，將肥胖者視為「意志薄弱」、「不努力減肥」等，毫無疑問是一種歧視，卻也不能對肥胖置之不理。因為所有的醫學數據都顯示，肥胖危害健康、縮短壽命（以及健康壽命）的程度，等同或更甚於吸菸。

然而，「肥胖為一種醫學上的狀態，危險但（通常）可治療等的所有研究」，卻都被肥胖研究視為肥胖恐懼症，並且認為肥胖者應該拒絕醫療幫助，接納「正面團體（肯定肥胖的共同體）」的「知識」。但這對肥胖者而言，真的有益處嗎？

少數族群總是正確，多數族群永遠有錯

前文中的肥胖研究算是個極端的例子，然而相同的邏輯，卻也出現在身心障礙者研究上。該研究的論點是，問題點並非在於身心障礙者個人（確實如此），而是把健全者視為「正常」、障礙者視為「異常」的「健全主義」（Ableism）思維，所以應該拒絕試圖去治療和治癒（醫療化）。

對此，海倫．普魯克羅斯與詹姆斯．林賽批評說：諸如此類怪異（而且有害）的邏輯扭曲，與《理論》相關的各個領域中均可見，例如：種族、性別、性少數者等歧視。比起有利於幫助遭到歧視的「受害者」，這

圖三 取消文化的善惡二元論

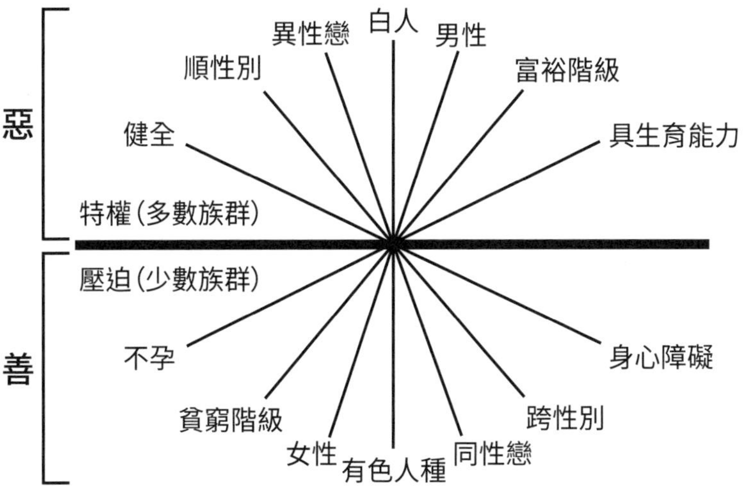

引用自：路加諾夫、海德特，《為什麼我們製造出玻璃心世代？》

反而使得問題的解決更為困難。

雖然《理論》中多所運用深奧的哲學用語，可單憑如此是無法作為動員群眾的社會運動。其結果就是，必然會陷入一種極端單純化的善惡二元論：「遭受歧視者（少數族群）總是正確，歧視他人者（多數族群）永遠有錯」。（P187 圖三）

於是便形成了——「批判性種族理論」中的白人只因生為「白人」，就必須得終身背負種族歧視的罪行（原罪）；在「多元交織性」裡，承受歧視種類愈多者，擁有的正當性就愈強；黑人女性主義者的言論，應當比白人女性主義者的言論更受重視；黑人女性同性戀者（或跨性別者），將能夠主張更有力的「正義」。

這與其說是一種「思想（或是理論）」，反倒更讓人覺得是情感上的反彈。但它會擁有如此巨大的影響力，也許是因為任何人都能直觀地理解它。那些（感覺自己）受到歧視的人們，《理論》為他／她們的憤怒，提供了一種（類似）思想方面的詮釋。

左派（The Left）的信念是，所有的論述和文本都深嵌著「歧視」，因此必須揪出歧視並進行究責。然而，該信念卻出奇地與右派的陰謀論十分相似，亦即所有的政治與權力機關，都受到深層政府（黑暗政府）侵蝕，因此必須與之鬥爭。由此可知，取消文化會被稱為「現代的獵巫行動」，大概不單只是個比喻而已，因為其中還能令人感受到一股「宗教狂熱」吧。

日本方面到目前為止，「社會正義」都是自由主義派團體與知識分子在主導，所以一般認為《理論》也是自由主義派的觀點。但在美國方面，目前是「The Left」（左派）正打著社會正義的旗號與自由主義派為敵。若不瞭解此一態勢，便無法理解歐美國家（英語系）屢屢發生的思想與政治紛爭。

取消文化所高舉的「社會正義」極其複雜，正因為如此才難以應對。最後我們一起來思考看看，到底要如何自保才能免於被取消，以利在這個時代中存活下來。

PART6

「群眾狂亂」下的倖存者

英國政治社會評論家道格拉斯．莫瑞（Douglas Murray）曾說過：「我們現在正目睹一場巨大的群眾狂亂。」莫瑞的著作《群眾瘋狂》（The Madness of Crowds），不僅在歐洲獲得好評，理察・道金斯等自由主義派的知識分子亦給予高度讚賞。他在書中寫道：「就像最近每個人均感受到的，整個文化都被埋了地雷。」並於後文說明[86]：

無論那是個人、組織、天才諷刺家或任何人埋的，地雷就在那裡等著某個人靠近它。而且當某人的腳無意間踩到時，地雷隨即就會爆炸。偶爾也會有勇敢的蠢蛋，明知道那裡埋著地雷還故意走過去踩。每當這類爆炸發生時，其後便會出現某些議論（有時包含讚嘆聲在內）。對於這個奇妙、並且似乎是即興被創作出來的現代價值體系而言，犧牲者又新增了一人。該價值體系所存在的這個世界，一面吞沒著新增者的同時，亦不斷地前進。

莫瑞認為「同性戀」、「女性」、「種族」、「跨性別」是現代社會的「地雷區」。使用這類語詞稱呼容易引起爭議的主題或領域，不管在哪裡都很常見。對讀者（普通人）來說，該語詞的含意是顯而易見的——不要接近地雷區。

這不僅是應對取消文化最實際的方法，而且很多時候，（幾乎）也是保住自身評價、避免失去社會地位的唯一方法。

世界最有名的作家被取消了

創作《哈利波特》系列聞名於世的英國女作家J・K・羅琳，是世界上最出名的小說家之一。她會走到今日被人取消的地步，（依據各事例）有一段漫長的經過。但倘若簡而言之的話：羅琳就是刻意去「踩跨性別地雷」的「愚蠢勇者」。

二〇一九年，一名在英國某智庫工作的女性，由於在推特（現為X）上發文表示，性別轉換（Gender Transition）輕易為人接受的風潮令她擔憂，因而遭該智庫拒絕續聘。對此，羅琳向她的一千四百萬推特（現為X）粉絲發文：「（明明一直以來都在強調「言論自由」的重要性），只因為陳述『性別是事實』（Sex is real：指生理性別）就強迫婦女失業？」因為此文，羅琳就被烙印上「TERF」的標記，並受到來自於跨性別運動人士的激烈攻擊（據說不只遭受撻伐圍剿，亦有死亡威脅）。

TERF是「排除跨性別者的基進女性主義」（Trans-Exclusionary Radical Feminist）的縮寫，指某些人在立場上不承認跨性別女性（出生為生理男性，爾後進行性別轉換）為「女性」。羅琳後來在自己的官網上發表了一篇長文，表示自己支持跨性別者的權利，並無排除這群人的意思（不是ＴＥＲＦ），不過她的這番辯解完全沒達到效果。

相對地，針對ＴＥＲＦ進行糾責的跨性別運動人士，一般稱為「ＴＲＡ」（Transgender Rights Activist／跨性別維權人士）。這個新造詞（貶義詞）變化自「ＭＲＡ」（Men's Rights Activist／男權主義者），用來嘲弄主張男性權利並反女性主義的男性運動人士（一般將他們視作厭女）。

男性與女性是連續體

若想瞭解Ｊ・Ｋ・羅琳成為取消對象的原因，就必須先定義跨性別者是怎麼樣的一群人。可是關於這個部分，目前的狀況在討論上也是錯綜複雜，離形成定見還很遙遠。因此，筆者參考了美國科學史學者愛麗絲・德雷格（Alice Dreger）的著作等書，並試著以個人的淺見進行整理[87]（但筆者並沒有主張這是唯一正確的定義）。

就像同性戀者有男同性戀者（Gay）和女同性戀者（Lesbian），跨性別者也有ＭｔＦ與ＦｔＭ。ＭｔＦ是Men to Female的縮寫，指性別由男性轉換為女性；ＦｔＭ是Female to Men的縮寫，指性別由女性轉換為男性。但是近年來，這些語詞被認為有失政治妥適性，所以現在ＭｔＦ改稱為「跨性別女性」（Trans Woman）、ＦｔＭ改稱為「跨性別男性」（Trans Man）。

生物學上以性染色體來定義男性（XY型）與女性（XX型），不過兩族群的男性化（陽剛氣質）、女性化（陰柔氣質）的整體分布呈現一常態分布（圖四）。這種圖形也稱為鐘形曲線（Bell Curve），愈靠近右側就愈男性化、愈靠近左側就愈女性化。由於男女行為上的性別差異，受到荷爾蒙強烈的影響，所以亦可稱之為是睪固酮（Testosterone／男性化）與雌激素（Estrogen／女性化）的差異。

女性化、男性化並非如0與1般的二元對立，而是一個有重疊的連續體。所謂的性別差異，在定義上指的是「平均數男性」與「平均數女性」，亦即統計上的差異[88]。

圖四 「男性化」與「女性化」

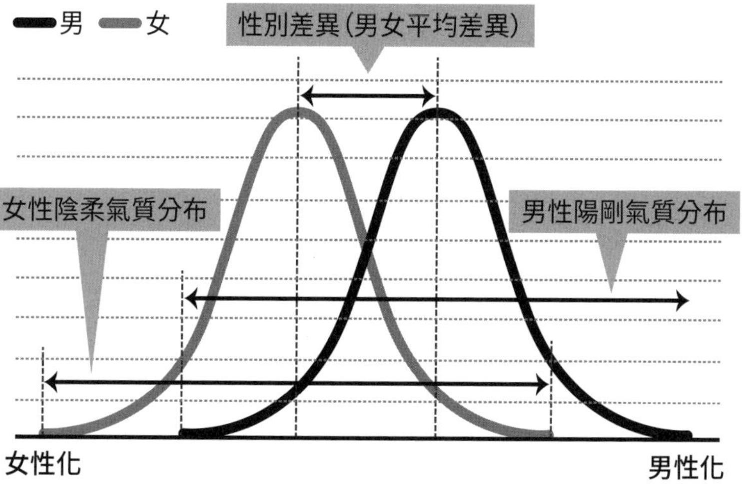

鐘形曲線的範圍方面，女性族群是從「具有陰柔氣質的女性（左端）」到「具有陽剛氣質的女性（右端）」，男性族群也是從「具有陰柔氣質的男性（左端）」到「具有陽剛氣質的男性（右端）」，兩性別的氣質按分布推移而不一。再者，「族群內的差異（鐘形曲線的寬度）」大於「族群間的差異（平均值的寬度）」。

藍色女孩與粉色男孩

具有陽剛氣質的女孩稱為「Tomboy」，她們多數為異性戀者，但一部分會成為性取向是女性的女同性戀者。此外，Tomboy 女同性戀者（又稱為「布奇」（Butch））中的另一部分，認為自己本來的性別應該是男性。

只要看過日本寶塚歌劇團的男役（註：演出男性角色的女演員），就會瞭解無論男女性都喜歡「具有陽剛氣質的女孩」。在女校畢業典禮上，會收到低年級學妹情書的，大多也都是像 Tomboy 般的女同學吧。

相對地，具有陰柔氣質的男孩稱為「Sissy boy（Femboy）」，他們的體型纖細瘦弱，如果穿女裝的話，外表看起來雌雄莫辨。但不同於 Tomboy 的是，很多 Sissy boy 都不得不過著坎坷的人生。在學校裡，他們是男同學欺負的目標，女同學則不會把他們視為戀愛對象。此外，男性同性戀者方面，一般比較偏愛陽剛氣質的伴侶，所以他們也很難成為男同性戀者的性愛對象。不過，由於「Tomboy」和「Sissy boy（Femboy）」兩個語詞被認為有歧視之嫌，因此有時也援用藍色代表的是男孩、粉紅色代表的是女孩，來稱呼Tomboy為「藍色女孩」、稱呼Sissy boy為「粉色男孩」。

一部分的粉色男孩（陰柔氣質的男孩）會成為同性戀者，所以他們認為自己本來的性別應該是女性。當同性戀粉色男孩進行賀爾蒙治療、透過豐胸手術使胸部變大並藉由性別確認手術（Gender Affirming Surgery）創建陰道等方式成為女性之後，便會產生戲劇性的轉變：向來不理睬他們的異性戀男性，此時會開始把他們視為性愛對象。

縱使藍色女孩與粉色男孩所處的社會情境大相逕庭，但為何會選擇走向性別轉換的過程並不難理解。而且，對於他／她們無法接受生理性別所面臨的艱困，應該很多人都會表示同情吧。

那麼問題點到底在哪兒呢？問題點在於跨性別女性（MtF）中，有一群明顯不同於粉色男孩的人。

TERF問題的核心

布魯斯・任納（Bruce Jenner）是前十項全能世界記錄保持者，在一九七六年的蒙特婁奧運中贏得金牌，與三任妻子育有六名子女。他年屆六十五歲時出櫃，坦承自己的性別認同是女性，爾後更名為凱特琳・任納（Caitlyn Jenner）。附帶說明，任納的第三任妻子Kris與前夫（律師羅伯特・卡戴珊）育有金・卡戴珊（Kim Kardashian）等四名子女（亦即名人卡戴珊家族）。也許是這個花邊八卦之故，凱特琳成為了全球最知名的跨性別女性。不過，從任納的生命歷程中可以瞭解到，（男性時代的）他不僅「十分男性化」，完全與粉色男孩沾不上邊，還很明顯地是個異性戀者。

在跨性別女性當中，有很多例子與布魯斯／凱特琳相同。這群人轉換性別之前，在周遭人眼中看來只是極為普通的異性戀男性，然後結婚生子成為父親。其中也有人在孩提時期，喜歡玩騎馬打仗等遊戲；長大後成為工程師、數學家、自然科學學者等，從事一般被視為「男性取向」的職業。所以當這群人一公開自己是跨性別者時，令周遭人震驚不已的例子比比皆是。

相對於此，結婚並生了幾個孩子之後再進行性別轉換的例子，在（生理女性的）跨性別男性中幾近於零。這一明顯的不對稱性，引起了研究人員的興趣並提出幾種論點。其中最具爭議性的理論是「自體女性化幻想」（Autogynephilia／或稱幻想變性性興奮），由加拿大性學學者雷・布蘭查德（Ray Blanchard）提出，美國心理學者邁克爾・貝利（Michael Bailey）接續發展。

轉換了性別的粉色男孩（陰柔氣質的男孩），成為跨性別女性（她們本人似乎自稱為「Trans Kid」，後文使用此稱呼）之後，其性取向指向男性；她們在轉換性別之前是同性戀者，轉換之後是異性戀者。與男性發生性關係的Trans Kid（異性戀跨性別女性），並不會對女性構成性暴力威脅。

相對於此，被視作「自體女性化幻想者」的跨性別女性，在轉換性別之前是異性戀者，轉換之後性取向也指向女性居多。在這種情況下，她們是「同性戀的跨性別女性」，然而被當作性愛對象的女性（特別是女同性戀者）又會作何感受——這就是TERF問題的核心。

愛上自己身為女性的男性

為何跨性別男性的類型只有一種，跨性別女性的類型卻有兩種？這大概可以從男性性慾的多樣化來解釋吧。從戀物癖（Fetishism）、性虐戀（SM）到戀獸癖（Zoophilia），在宛如萬花筒般的性偏離（Paraphilia）世界中，主角幾乎都是男性。此外，戀童癖（Pedophilia）之類的性犯罪，也以男性占絕大多數[89]。

性慾望受到一般稱為「雄性荷爾蒙（睪固酮）」的強烈影響。女性也會因為排卵期，卵巢分泌睪固酮而性慾高漲；但是男性睪丸分泌的睪固酮，數量卻多得驚人。男性的大腦，經常浸淫在比女性（睪固酮濃度會隨著生理期變化）多達六十至一百倍的罣固酮裡，於是從中便產生出了種類繁多的性致。

性學學者布蘭查德認為，在男性的性向中有一種類型是：「透過把自己想像成女性而感到性興奮」。這就是「自體女性化幻想」，是「自體」（Auto）與「對女性的愛」（Gynephilia）兩個字的英語新造詞。

Trans Kid 是對自己的生理性別（Sex）感到不適，進而成為男同性戀。自體女性化幻想者，則是經歷了「愛上身為女性的自己」。對此布蘭查德主張：無論哪一種情況，「在性別的自我認同中，性取向都扮演舉足輕重的角色」。

日劇《總務部長是跨性別者》的作者岡部鈴，是個四十七歲結婚有小孩，在廣告公司擔任主管職的男性（他稱自己為「到處都有的普通中年大叔」）。某日，他在新宿二丁目一家同性戀酒吧，看見男扮女裝的工作人員之後，心想：「真好，能變得這麼漂亮啊～」於是這次機遇讓他開始迷上穿女裝，同時察覺到自己是個跨性別者[90]。岡部的這一樁經驗，應該充分說明了自體女性化幻想的概念了吧。

不合宜的理論

西北大學心理學者貝利發展了布蘭查德的理論，並於二〇〇三年出版《將成為女王的男人》（The Man Who Would Be Queen）一書[91]。縱使這本書當初佳評如潮，但是貝利卻在之後遭到跨性別運動人士的激烈抗議（遭到取消）。

薩摩亞這個島國，會把天生就十分女性化的男孩視為第三性 Fa'afafine（意思是「像女性一樣生活」），當作女孩子來養育，所以他們不覺得有必要透過賀爾蒙治療和手術「轉換」性別。世界其他地區亦有很多相同的例子，「當事人是否轉換性別，由身、心、文化三者之間的相互作用決定。」貝利的此一對跨性別的再定義，論點在於強調文化的重要性[92]。

雖然人類先天便已擁有特定的性取向，會採取特定的性特殊行動；不過跨性別者，並不是先天（或非先天）就已注定好要成為某一種性別的人類。不同於世人普遍對跨性別者的認知，要公開出櫃成為男同性戀、還是成為不出櫃的同性戀、抑或成為異性戀的跨性別女性等，都不只有生理上的因素，也取決於文化對於身分認同多樣化的容忍度。而身分認同的體驗，是產生自生理因素與文化環境的結合。

雖然這個論點似乎並無不妥，但是一將它套用到自體女性化幻想，就會變得相當難以處理。貝利的看法是：「一個夢想成為女性而產生性興奮的男性，是否選擇荷爾蒙療法或手術轉換性別，取決於當事人置身的文化環境與其身心的相互作用。」據說，某些人會「繼續保持社會上典型的異性戀男性身分，僅止於男扮女裝」；某些人則得要轉換性別「成為女性」，才能感到滿足。

英語的 Transvestite 意思是「異裝癖」，一般而言，指的是男性扮演詮釋「理想的女性」（當事人自稱為「跨性別扮裝者」（Cross Dresser））。其中也會有人打扮得絢目華麗，那就是變裝皇后（Drag Queen）。

跨性別扮裝者和變裝皇后大多數都是順性別，可是若以布蘭查德和貝利的理論來看，就會變成部分有異裝癖者覺得自己的性別本來就是女性，亦即有自體女性化幻想的跨性別女性。

貝利將自己的論點歸納為：「喜歡男人的男性，會為了吸引男人而變成女性；喜歡女人的男性，則會變成自己屬意的女性。」可是這麼一來，結果就使得有自體女性化幻想的跨性別女性，被套上了一層愛扮女裝的「性偏離」極端形態。對於大多數的跨性別運動人士來說，這種論點實在令人難以接受。

否定跨性別的女同性戀女性主義者

跨性別維權人士之所以激烈地反對貝利的著作，部分原因是擔憂會正當化來自於保守派等的攻擊。

Trans Kid（粉紅男孩成為跨性別女性）的性取向是男性（異性戀者），所以不會對女性造成威脅。然而，自體女性化幻想跨性別女性，性取向卻有可能會是女性（同性戀者）；基於這個因素，能否也讓跨性別女性使用女更衣室和公廁的相關爭論，才會在歐美形成一大問題（更甚於日本）。

科學史學者愛麗絲・德雷格表示：為此，跨性別維權人士「已經花了很長的一段時間，消除他們在世人既定印象中的性和病態因素」。而變性者（Transsexual）一詞會改稱為跨性別者（Transgender），一部分的需求動機是，希望能讓世人的關注焦點從性愛（Sexuality）問題轉移至性別問題（Gender）[93]。倘若布蘭查德和貝利的論點廣為世人接受，那至今為止的努力將全部白費工夫。

女性主義批判跨性別女性會對女性構成威脅一事，可以回溯至珍妮絲・雷蒙德（Janice Raymond）在一九七九年出版的著作《變性帝國》（The Transsexual Empire）[94]。雷蒙德是一位女同性戀基進女性主義者，她在書中論述：「所有的變性者，都正在藉著把真實女性的體態貶抑為人造物——藉著使該體態為自己所用——來強姦女性的身體。」

女性主義者對於跨性別的批判，大致上可分為兩類：

第一類，是有自體女性化幻想的跨性別女性，毫無異議地全盤接受「社會文化強加於人的女性刻板印象」，而這是女性主義者長期以來反抗的。有自體女性化幻想的跨性別女性的目標是，類似出現在時尚雜誌中的「美麗」女性，但那等同把真實的女性體態貶抑為「人造物」。

第二類則帶來了更強烈的反對，起因於自體女性化幻想者的性取向（有可能）是女性。對TERF而言，倘若更直接了當地說，那就是（同性戀）跨性別女性的形象，與出現在希區考克電影《驚魂記》（Psycho）中男扮女裝的殺人魔諾曼・貝茲一樣。

對於來自保守派和（部分）女性主義者的攻擊，跨性別維權人士認為，若想讓世人接納跨性別者，「就有必要把性別述說成一個單純的故事，亦即——明明『實際上』是女性，卻出生為男人身軀，透過賀爾蒙治療和性別確認手術，才得救成為一位完整的女性——以情節完整的敘事呈現[95]」。於是，針對公然主張自體女性化幻想是一種「別說出來比較好的性愛」的貝利，跨性別維權人士所持的上述考慮，就成為了該人士對貝利採用暴力抗議的理由（不只貝利本人，連他兩個孩子的照片都被公開在網路上）。

不過另一方面，也有某些跨性別女性因為布蘭查德和貝利的理論，而終於解開了長年來存於心中的疑問。據說，自行承認是自體女性化幻想者的安・勞倫斯（Ann

Lawrence）就是其中一位。擔任醫生兼研究人員的勞倫斯，蒐集、編撰並出版與自己相似、有自體女性化幻想的跨性別女性的故事；同時透過持續研究揭示，她們藉助手術轉換性別之後，生活品質（QOL）會自然提升。

跨性別問題

若依據布蘭查德和貝利的理論，跨性別女性區分為Trans Kid與自體女性化幻想者，但J・K・羅琳又進而區分為：接受了性別轉換手術的「變性女性」、沒接受手術但性別認同為女性的「跨性別女性」。雖然近年來「變性」（Sex Change）一詞被認為不適當，「性別轉變」（Gender Transition）這個詞較受歡迎；不過，因為羅琳把生殖器官是否進行過醫學上的轉換（Change）視為問題，所以她反而刻意使用變性這個「政治不正確」的語詞。

羅琳會做此一區分的想法應該很明顯吧。性取向是男性的（異性戀）Trans Kid，不會對女性造成威脅。接受了性別轉換手術失去陰莖的「變性女性」，就算性取向是女性也不會構成強姦威脅。因此羅琳主張，這一群跨性別女性的權利要與跨性別男性相同，應該都要獲得保障。

但是，針對仍然保有陰莖、性取向是女性的（同性戀）「跨性別女性」，羅琳的看法又是如何呢？她敘述了自己在第一次婚姻中遭受性暴力，她本身曾是性暴力的受害者之後，接續描述如下[96]：

> 我希望跨性別女性們都能保有安全。與此同時，我也不希望生為（生理上的）女孩、女性們（成年）的安全受損。無論是相信抑或感覺自己是女性的任何一位男性，當洗手間和更衣室的門向他們打開時——如同先前提過的，目前申請性別確認證書（Gender Recognition Certificate）不須附手術或賀爾蒙治療等文件——那麼大門會一直敞開著給任何想進來的男性，這是個很簡單的事實。

對於J・K・羅琳遭到TRA（跨性別維權人士）取消一事，日本大眾似乎單純地認為：「她大概是說了什麼歧視跨性別人士的話吧。」然而，自認為是「自由主義派」的羅琳，她的發言是基於向來對性別認同的堅定信念；而且不只保守派的跨性別恐懼者，部分（或多數的）自由派女性主義者也（在私底下）支持羅琳。

跨性別問題之所以混亂紛呈，是因為摻雜了兩項疑慮在內：其一，如果性別認同交由當事者自我宣告，那麼異性戀男性會不會謊稱自己是跨性別者，然後堂而皇之的侵入女用更衣室和洗手間呢？其二，保有陰莖並且（性取向為女性的）同性戀跨性別女性，會不會對順性別女性（特別是女同性戀者）構成性方面的威脅呢？結果，這造成了「（基進）女性主義者與跨性別維權人士」，這一對左派（The Left）同門為此互相衝突。而且由於保守派利用這一點煽起社會不安，最後導致分裂不斷擴大，因而陷入了混沌的局勢。

面對這種情況，跨性別維權人士發出強烈的反彈聲並表示：由於大家光只爭論更衣室和洗手間的問題，結果讓本來就已經遭遇嚴重歧視、過著坎坷人生的跨性別者們，現在更是被逼入絕境[97]。

關於這個複雜又細膩的問題，筆者在本書中整理了以下三個重點：

(1) 跨性別者是僅占人口約百分之〇・五的少數族群，有自體女性化幻想的跨性別女性是其中一部分。在這當中，也有已經進行過性別確認手術的女性，因此一般女性要遇到沒有進行過性別確認手術（保有陰莖）的同性戀跨性別女性，機率可說微乎其微（在媒體的渲染下，跨性別女性的存在受到過多的注意）。

(2) 部分基進女性主義者主張，異性戀男性會因為轉換性別而對女性構成威脅。然而此一主張的前提是，假設了所有男性都是性犯罪者。毫無疑問地，絕大多數的男性都不會是性暴力等的犯罪者，對於轉換性別後的男性亦然。

(3) 性慾會受到睪固酮影響。即使沒有進行過性別確認手術，大部分的跨性別女性，仍會利用賀爾蒙療法以大幅減低睪固酮的濃度。

平等、公正、公平

「平等」（Equality）與「公平」（Equity）兩者的差異，簡單說明就是「結果平等」與「機會平等」。

舉例來說，某小學運動會的賽跑上，曾經發生全體參賽者們一起手牽手跑過終點的事情，因而一度成為熱門話題。學生當中會有跑得快和跑得慢的孩子，倘若不能以跑速快慢評定孩子們的優劣，那麼跑到接近終點線停下來等待跑得最慢的孩子，才會是「政治正確」——這就是結果平等。

同樣的結果平等，也可以藉由讓跑得快和跑得慢的孩子，分別站在一後一前的起跑線上來實現。可是大多數人，應該都會覺得這樣的賽跑不太合常理吧？因為這有違人們對公平的感受。

所有人都站在同一起跑線上，然後依照各自拼命奔跑的結果決定名次——這就是機會平等；而表揚冠軍，是一種對努力的正面評價（獎勵）。若在這種情況下強制使結果變得平等，便成為了一種「歧視」。

現在筆者將在後文中，把「平等」與「公平」的組合，定義為「公正」（Fairness）。雖然「Fairness」亦有公平之意，不過本書統一以「公正」稱之。

我們對於事物是否公正極為介意，社會心理學將此稱為「公正世界的信念」（Belief in a just world.），該信念的含意是：「必須建構一個公正的世界」。由於每個人都共享了這個信念，秩序才得以維持。但在另一方面，對於被視為「不道德」的人，該信念也會成為抨擊那些人的原因。

平等與公平，是內含在公正裡的標準。然而問題是，（如同前文賽跑的例子所示）這兩種「社會正義」不僅無法並立，甚至還經常發生激烈的對立。

嬰兒對於正義的感覺

嬰兒的認知中有「公正」這個概念嗎？或許有人認為，我們怎麼可能會知道那種事。不過，出生不久後的嬰兒會長時間注視有興趣的事物，對沒興趣的事物馬上就移開視線的情形，引起了發展心理學者的注意。當嬰兒出生約超過六個月以上時，有些嬰兒會開始把手伸向娃娃等玩具。假使能利用這一點設計出巧妙的實驗，便可以知道嬰兒在「想什麼」。

美國發展心理學者保羅・布倫（Paul Bloom），讓出生十個月與一歲四個月的嬰兒們觀看了一齣玩偶劇：內容是獅子和熊分配彩色盤子給驢和牛。獅子各分配了一只盤子給驢和牛，但熊卻把兩只盤子都給了驢，什麼都沒給牛。在那之後，實驗人員再度展示獅子和熊的玩偶給嬰兒們看時，雖然十個月大的嬰兒反應不明顯，不過一歲四個月的嬰兒，卻偏愛平等分配盤子的獅子[98]。

在別項實驗中，則是讓一歲七個月的嬰兒看了一幕場景：大人叮囑正在玩玩具的兩個小朋友，「要把玩具收拾好」。當兩個小朋友一起收好了玩具時，嬰兒預期他們倆稍後會得到平等的獎勵（當實驗者沒有這麼做的時候，嬰兒注視實驗者的時間比較長）。

不過，要是只有一個小朋友在收拾、另一個卻偷懶繼續玩，此時實驗者又平等分配獎勵給他們倆；在這種情況下，嬰兒注視實驗者的時間會比較長。這大概是嬰兒感覺到分配不公正的緣故吧。

從這些實驗中可瞭解到，人類似乎在進入社會化的學習以前，平等和公平之類的「正義」，就已經事先內建在我們的大腦程式中。話雖如此，但因為黑猩猩也有「公正」的感受（在相同條件下，當對方拿到的獎勵是蘋果，自己卻是小黃瓜，後者便會激烈抗議），所以這絕對不是什麼奇怪的事。

我們每個人與生俱來都有正義的感覺（經由演化獲得），這種感覺大致上可歸納為以下兩種：

①條件相同時，會偏好平等。

②條件相同加上努力（投入的資源）不同，則會偏好公平。

保守和自由雙方都在追求社會正義

一般認為，自由主義派偏好平等、保守派偏好公平，但這並不正確。追求齊頭式的結果平等（「各盡所能、各取所需」出自：卡爾・馬克思）是共產主義的理想，可是卻產生出許多人類史上的悲劇，例如：前蘇聯的集中營社會、毛澤東的大躍進政策，皆據傳餓死數千萬人、柬埔寨波布（Pol Pot）政權的大屠殺等。一些正派人士，大概早就不再追求這種躁進式的平等主義了吧。

當今無論是保守派還是自由主義派，雙方都把公平當作社會正義的標準予以重視。倘若如此，為何兩派還會激烈地對立呢？

有一張插圖（圖五），經常為人拿來說明平等（EQUALITY）和公平（EQUITY），內容是身高不同的三個孩子，隔著圍牆正在看棒球比賽。

在條件為「平等」（EQUALITY）之下，三個孩子都站在同一個高度的木箱上。身高最高和第二高的孩子，他們的頭都高過圍牆看得到比賽。不過身高最矮的孩子，頭沒有高過圍牆，所以什麼都看不到。

相對地，在條件為「公平」（EQUITY）之下，分別為每個孩子準備了高度不同配合身高的木箱，於是三個孩子都能夠「平等地」看到比賽。如此一來，便同時達到公平與平等，並且實現了「公正」。

大概每個人都會同意，這種作法在感覺上有符合正義吧。不過，故事還沒說完。

在美國的種族問題上，自由主義派的立場是：「因為奴隸制的負面歷史之故，黑人仍然背負著巨大的阻礙」。於此一立場下，大概如同「公平」（EQUITY）一圖所示，提供給黑人（身高最矮的孩子）高度較高的木箱，然後什麼都不給白人（身高最高的孩子），才算是「公正」吧。

然而保守派則向來認為，經過一九六〇年代的公民權運動與法律改革之後，明顯的歧視已然

圖五　平等（EQUALITY）與公平（EQUITY）

消失，美國社會實現了種族平等。假使運用圖五說明，就是三個孩子的身高應該都是一樣（或者幾近保持原樣）。

儘管如此，要是木箱只給一個孩子，其他兩個孩子就會處於不利的情況。顯而易見的例子是，隨著川普當上美國總統，高中畢業或輟學等「低學歷」的白人勞工階級，便因此認知到在大學入學考和公務人員的聘僱上，優待有色人種（黑人）的「平權法案」，其實是對自己的「逆向歧視」（Reverse Discrimination）[99]。

法律制度是否平等，可以客觀地進行討論（例如：不承認同性婚姻，是因為沒有平等對待異性戀者和同性戀者）。然而，縱使法律方面平等，但只要一談到其中還有（看不見的）結構上的歧視，便很難形成人人都能理解的共識。

不管是自由主義派抑或保守派，人們眼中本來就只會看到自己想看的東西。所以即使為公正下了定義，很遺憾地，依舊沒有任何一項現實問題能得到解決。

「不可以種族和性別來判斷他人」的歧視

不以種族和性別評價個人的「性別盲／色盲種族主義」（Gender Blind／Color Blind），在日本已成為邁向「多元社會」之路的基礎，不過目前卻被左派（The Left）批判為：隱匿現已存有的歧視[100]。

以個人主義（Individualism）的意識形態（精英統治）而言，如果法律與制度均保障了機會平等，成功與否就全憑個人的努力。而所謂的成功人士即拼命三郎，倘若某人在社會上、經濟上的狀況不盡理想，那就是沒有全力以赴地努力。

個人主義以「每個人都是獨立的個體」為原則，相對於此，普遍主義（Universalism）這種意識形態則提倡「所有人為一體」：即使膚色與外表不盡相同，但所有人都同為人類（Humankind）這個大團體的一員。如此的話，要是把整個團體區分為「白人」、「黑人」等，就是刻意煽動分裂。

個人主義與普遍主義並沒有矛盾之處。就像某首童詩中描寫的「大家不一樣，大家都很棒！」（出自：金子美鈴），所有人都是夥伴，但每個人也可以很不同。雖然這是自由社會的大原則，但社會正義運動人士卻認為它是「歧視」的一種形態，其中除了否認現實以外什麼也沒有。因為只要講這一類的「漂亮話」，自由主義派白人和男性，就能逃避個人對於「歧視」該負的責任。

可是我們也不能把這種看法，當作是一種左派（The Left）的古怪觀點而置之不理。

在美國社會裡，當人們遇到初次見面的人，除了性別和年齡之外，還會依照膚色自然形成小團體。儘管如此，由於美國的學校推行色盲種族主義教育，因此甚至連孩子們也會認為，提及膚色是一件失禮的事。說明族群成員的課程上，如果其中只有一位黑人，將明顯地有助於指出種族之別。在這種情況下，據說孩子們來到十歲左右，便會有節制地談論關於種族的話題。

然而諷刺的是，這一類的「種族教育」卻造成了反效果。根據一項實驗，被灌輸了色盲種族主義思考態度的孩子們，對於顯然因生為黑人而遭受霸凌（其他孩子故意絆倒黑人等行為）的案例，只有少部分的孩子會判斷該行為是一種歧視。此外，老師介入的程度也很低。當老師聽了接受色盲種族主義教育的孩子們報告該行為時，由於通常會被判斷為情節不重大，所以老師通常不會介入去保護成為霸凌目標的孩子。

有鑑於這一方面的實驗，黑人女性社會心理學者珍妮佛・艾柏哈特（Jennifer Eberhardt）對此下了結論：「色盲種族主義完全背離了最初的用意，簡言之，它促進了種族不平等」、「這迫使少數族群孩子們，在忽視他們忍受著痛苦的環境中，單打獨鬥。[101]」

門檻太高了

不可以歧視別人的想法愈是強烈，就愈會意識到歧視這件事。面對這種令人困惑的狀況時，能採取的最合理行動，大概就是與對方保持距離吧。因為只要避開與少數族群同席的機會，就能避免被批評為「那是歧視」。

然而在全球化空間中，多數族群與少數族群經常會有共處一地的機會。此時，一般人通常會採取視而不見的策略：「你的屬性對我來說毫無意義。」可是，這種策略用於宴會等場合的閒聊或許有用，但在一個被認為具有「結構性歧視」的場面上，可能反而會招致「帶有歧視」的批評。就多數族群而言，所謂「政治正確」的態度，是除了不以屬性判斷個人之外，同時還得從群體的觀點考量其屬性。

但是，說不定會有一個問題：這麼複雜的應對人們兼顧得來嗎？

當男性上司考核女性下屬時，雖然他必須只以實際績效作為考核標準，公平地（性別盲）進行評估而不考慮「女性」等性別因素。然而，如遇到會影響工作進度的情況，像是經期和懷孕等女性獨有的情況、撫養孩子之類失衡的性別分工等，此時他就得適當地將性別差異納入考量。

白人上司考核其他膚色的下屬時也相同。就上司個人而言，不僅要排除人種考量公平地進行評估；假使公司內部有（無意識的）結構性種族歧視時，說不定還得採取某種平權行動，以免因為該歧視而被迫處於不利的地位。

管理階層中，應該也存在著具有自由主義素養、能處理這類高難度任務的人員。但隨著「政治正確」的門檻愈高，就避免不了有愈多的人無法勝任。而且這不僅侷限於性別和種族問題，在應對宗教、性取向、身心障礙等所有領域中的每一個人時，該人員都會被要求得同時處理，「個人」與「族群（認同）」之類的不同屬性。

從這方面來思考的話，能適應得了現代政治正確的人會少之又少，也並非那麼不可思議。縱使自由化社會重視多元性，但無法達到自由主義標準的人，大概會被徹底排除出去吧。

從溝通交流中撤退

第二次世界大戰結束之後，人類實現了「史上最長久的和平」。社會在自由化的進程中，心理上的安全也隨之漸受關注，不過這當中卻有個棘手的問題。針對身體的加害行為，能夠藉由各種證據來確認受害之處；但是對於心理上的加害行為，則沒有類似的客觀標準。如此一來，心理加害行為的認定，除了當事人自行提出以外別無他法。換言之，感覺到「受傷」亦即「加害」的證據。

可是這種邏輯，對於法治國家而言，極度地令人感覺不舒服。近代公民社會，是透過民主制定的法律使國家得以獨占暴力，並禁止出於個人的報復和私刑（Lynch）。倘若某人的權利遭到侵犯或因暴力而受害，就必須得訴諸司法，謀求民法或刑法解決。

反過來說，一個自由化的社會即意味著：「只要不犯法做什麼都行。」可如此的話，心理上的加害行為大概會被置之不理吧。

縱使日本已經訂定了仇恨言論消除法，卻沒有訂立罰則；所以就算想要以名譽毀損、侮辱罪等提起訴訟，門檻也相對地高。雖然無法藉助法律懲罰對方，但在道德上難以見容之類的廣漠灰色地帶裡，於是形成了一種狀況：只能依賴散播謠言帶動負評、揪眾抨擊等，採用與舊石器時代相同的方法來解決。

諸如此類的「正義怒氣」，已經藉著社群媒體科技開始四處噴發。但是從單方面承受攻擊的人看來，這無非是一種「群眾狂亂」吧。

只不過是在路上走著，卻不知道何時會被人跑來痛毆，待在這樣的世界必定很令人不安。所以人類一直以來，才會想方設法要管理與抑制暴力。

但諷刺的是，我們卻因而生活在一個不知何時會遭人按上「加害者」之名，並且受到撻伐的世界。從客觀上來看，言語暴力可能比肢體暴力還要來得嚴重；從主觀上來看，使人擔心害怕的程度則幾乎不變（大腦無法區別肢體暴力與言語暴力）。

既然沒有一個標準能讓雙方合意，那麼被糾責為「加害者」的人，便有可能反控訴說自己才是遭到蠻橫暴力（群眾狂亂）的「受害者」。在這種情況下，不斷升高的只有雙方彼此的憎惡。

相對地，如果是待在家人和朋友組成的小世界中（親密空間），便能享受輕鬆時光，暢所欲言無被追究之虞。所以，倘若取消文化愈發擴大，是不是會有很多人乾脆避免與他人溝通，並逐漸從社會上撤退出去呢？一般認為，這是採取一種保守的態度；不過在迴避種族、宗教、政治意識形態之類的敏感話題上，這種作法與自由主義派人士是一致的。

或許有人會反駁道：「這麼做的話，歧視不是永遠都不會消失了嗎？」然而此時，在自由主義素養上不是那麼高的大多數人（包括筆者在內），就會需要具體的指示告訴我們，到底該怎麼應付目前的情況才好。

正派人士不以歷史問題批判外國人

假使被人批評說某件事情是自己做過的，此時除了道歉別無他法（可是，要道這種歉也很困難）。相對地，在種族和性別問題上，明明自己什麼都沒做，卻令人愈來愈擔憂會不會招致批評，例如只因為自己是「白人」、「男性」的緣故。日本的ＪＲ新幹線，在通勤時段導入女性專用車廂之後，便引發過「歧視男性」的抗議行動。該行動的氣憤（受害者意識）原因有可能是：「自己明明沒幹過痴漢之類的行為，卻被當作性犯罪者來對待。」

前一陣子中國頻繁發生大規模的反日遊行時，曾經有一位在外語大學修習中文的女同學問我：「去中國留學會不會有問題？」她表示，若被人責問歷史相關問題的話，不知道該怎麼回答才好，所以很擔心。

「對大學而言，留學生是很重要的『貴賓』，所以應該不至於讓妳留下不好的感受。」雖然我這麼回答她，但還是不禁陷入沉思，如此是否有益於日本實現「國際化」的目標。後來這位女同學暑假去上海的語言學校留學，「親日派」的老師似乎對她非常友善，讓她帶著愉快的心情回國。

縱使某個國家以前施行過戰爭和殖民等「加害行為」，但是據此批判沒有直接參與該行為的旅客和留學生，造成人家的不愉快——無論在哪個國家，只要是「正派人士」都瞭解，這種蠢事是很荒謬的。假使有些日本的右派分子，揪住參觀廣島原爆圓頂館的美國年輕人，責怪他們「須負起投下原子彈的責任」，大概所有的人，都會認為這種事簡直荒唐到極點，並因此同情那些美國人吧（說不定還有人「致上歉意」）。上述兩個例子的含意其實是相同的。

即使如此，但說不定有人曾在國外被徵詢過關於歷史問題的意見。雖然筆者沒有類似的經驗，不過若在國外大學留學專攻現代史的話，也不難想像會遇到類似的場景。此外，美國的大學都會開設有關種族問題的課程，所以這對白人學生而言，已是一個現實上需面對的問題。屆時，不曉得白人學生們該怎麼回答才好呢？

個人是否該為國家過去的加害行為負責

美國哲學學者邁可・桑德爾（Michael Sandel）的著作《正義：一場思辨之旅》，在全球是暢銷書。他在書中討論了一個饒富趣味的問題：個人（國民）是否該為國家過去的加害行為負責[102]。雖然這個問題與「美國白人是否該為過去的奴隸制度負責」如出一轍，不過筆者打算在進入正題之前，先試著來思考國家的責任。

日本國內在慰安婦等議題上，有些人士主張「別把現在的價值觀套用到過去」。然而，倘若這種主張是正確的話，那麼大航海時代的奴隸貿易、美洲的奴隸制度等，由於在當時都算「合法」（至少沒有法律明令禁止），歐美各國便無須為過去的任何相關行為負責。再者，納粹大屠殺或許亦可視為「不具違法性」，因為德軍占領區不受德國國內法管轄，算是一種治外法權。

提出上述主張的人，在現實中都會被貼上「種族主義者」、「歷史修正主義者」的標籤，並且成為社會排斥的對象。大概除了「極右派」和「陰謀論者」以外，任誰都不會想理睬這種人吧。

「不溯及既往」是法治國家的法律原則之一，法規的效力不追溯適用該法生效之前發生的事件。如果某人的行為在以前合法，爾後卻「因為法規變更而必須被逮捕」，這樣的社會應該沒有人能安心度日吧。

然而，即使「法規不溯及既往原則」適用於個人，卻無法比照辦理套用到法人。若以接下來的案例來思考，應該馬上就能明白這個概念了。

某家企業的工廠曾經排放有毒物質，不過當時沒有相關的管制法規。但是，當有毒物質造成附近居民的健康嚴重受損時，若基於法規不溯及既往而免除該企業的責任，這種事可稱不上正義。既然現實中，確實有人因為該企業的加害行為（排放有毒物質）深陷痛苦，那麼企業就該承擔起救濟受害者的道義和社會責任（典型的案例之一是日本的水俣病）。

同樣地，關於發生在戰爭和殖民時期的加害行為，作為法人的國家對受害者也負有一定的責任。但責任的標準會隨著時代的價值觀更迭，往日不構成問題的事情（被人以「當時的常態」應付了事），現今會被視為「犯罪」，而國際社會也會要求該國家做出實現正義的應對。在「自由化」的進程中，不但犧牲者的經驗受到重視，追究國家責任的門檻亦跟著降低[103]。

有關慰安婦問題，日本的右派和保守派所犯的決定性錯誤是，他們沒能理解國際社會將此事視為「女性的人權問題」，還想藉著歷史文獻上的事實否定犧牲者（慰安婦）的證詞，並把此當作是與韓國之間的「歷史戰」。日本政府因受到右派這類邏輯的牽引而處理失當，結果美國、歐洲議會、聯合國（人權事務委員會）等機構，多次通過決議要求日本道歉與補償，導致了外交上的重大失誤（遺憾的是，筆者現在依然不認為，日本政府已經瞭解這種國際社會的現實主義）。

國民沒有權利為國家的過去道歉

縱使作為法人的國家，對於過去的加害行為負有一定的責任，然而這並不意味著，隸屬於該法人（國家）的個人也得負責任。

假如某間企業造成公害在先，但卻去非難後進員工要他們負起責任，這種事不算合理吧。即使某些員工當時在職，但其職務與排放有毒物質完全無關的員工（例如業務員），甚至亦得遭受批評，應該也會有人認為這做得過火了。

法人是人類組成的團體（組織），為了其行事便利才賦予它法人資格，所以法人不是一個物理實體，無法向受害者道歉。如此一來，就只能由代表法人的個人（若是企業的話，即是董事長或董事會）作為行為上的主體。同樣地，當國家為過去的加害行為道歉時，民選產生的國家代表（首相、總統）或其代理人（外交部長或外交部官員）便成為了行為上的主體。

若從反面來看，亦即「作為單獨個體的國民，沒有權利為國家的過去道歉」。因此只有該共同體的代表人，才能夠為共同體的過去負責。

這個邏輯十分簡單明瞭，如此的話，追究個別戰爭責任時，須負責的就唯有那些實際在戰場上做過加害行為的人；即使擴大責任範圍，須負責的也就只有當時贊成殖民和侵略的國民。然而，第二次世界大戰結束之後，經過將近八十個年頭的今日，應該要扛起戰爭責任的人們（在一九四五年當下為二十歲以上的成年人），幾乎已無一人存活。也就是說，目前的狀況是：「國家應該扛下責任，國民則沒有責任」——而這正是歷史問題，與主張「現今白人仍結構性地歧視著黑人」的種族問題，最關鍵之的不同點。

就東亞的歷史問題而言，中韓兩國要求的是日本政府的適切道歉與賠償，並非要揪住每個日本國民追究「戰爭責任」。倘若如此，不知像筆者一樣的日本人是否能以「這跟我個人沒關係」的回答，來處理歷史問題呢？而這個問題正是桑德爾所要討論的。

道德個別主義與社群主義

桑德爾在思考個人責任方面，首先提出「道德個別主義」。他的想法是：「我們只需為自己所做的事情負責，於他人的行為抑或自己力有未逮的事情上，我們都沒有責任。」

這種自我負責的邏輯，近年來被貼上「新自由主義」（Neo-liberalism）的標籤並且惹人嫌。不過根據桑德爾的看法，自約翰・洛克（John Locke）、康德（Kant）到《正義論》（A Theory of Justice）的羅爾斯（John Rawls），道德個別主義一脈承襲了自由主義的正統系譜。此處的話有一個前提，在訴說絕大多數人的正義之際，必須捨棄掉個人差異。

可是一旦採用這種「平均個體」的設想，除了個人性質的行為以外，某個人比另外一個人擔負更大責任的觀點就不成立。自由主義的正義是，無論站在哪一種立場都必須要「道德中立」。倘若如此，偏袒特定立場的正義，大概會被視為介入、限制個人自由選擇的「惡」吧。

桑德爾將此稱為「正義優先於善」，表示這是現代自由主義政治思想的特徵。如果深究此一特徵，那麼對於過去共同體施行的加害行為，要毫無關係的個人（現在的共同體成員）負起責任等道理，就不可能成立。在自由主義派的概念下，即使追究國家的責任，個人仍是免責。

不過桑德爾表示，此類對多數族群有利的道理是淺薄的。理由如亞里斯多德所述，因為人類是徹頭徹尾的社會性動物，不依附於共同體就無法生存。

無關乎個人的喜好與否，我們都只能在共同體的歷史和故事中成長。所有人類都是講述故事的「物語存在」，對於共同體的歷史，每個人均承擔著（相應的）責任。

這是如桑德爾等「社群主義者」（Communitarian／又稱共同體主義者），所描述的美好故事。但是該立場卻與右派、保守派揭示的民族主義極為類似。

相對於民族主義者，只看到共同體（國家）的歷史光明面；社群主義者則試圖接納善惡雙方，可是界線卻曖昧不明。日本也有很多自由派的社群主義者（或可說，在保有守舊村社會思維的日本裡，幾乎每個「自由主義者」都是社群主義者），但是他們的言行卻時而與右派異曲同工，其原因大概就在於此吧。

所謂的「自由化」，便代表每個人都會想過著「活出自己」的人生，然而這麼一來，社群必然會因此步上解體之途。現今的年輕人，也許完全無法想像「為國家捨命」之類的事情；但八十多年前的年輕人，每一個人都是這麼想的，可見社群不光只有美好的一面。

從這一點來看的話，桑德爾理想中的那種「社群」，無論好或壞，是不是早已復興無望了呢？

壟斷真理的人們

在思考取消文化上，「資源制約」是一個重要的條件。例如：假使錢包中只有一百元，便無法同時購買各為一百元的蘋果與橘子。由於能夠投入的資源受限，因此為了取得想要的事物，而必須放棄另一些事物的情況，就稱為「抵換」（Trade-off）。

雖然前文的例子屬於經濟上的資源制約，但是在日趨複雜的現代社會中，人們已經開始強烈地意識到時間上的資源制約。使用一點五倍速觀看電影講求「ＴＰ值」（Time-performance）的傾向，是沒時間資源處理網路上海量的資訊內容，從而產生的必然現象。

將大把的時間資源投注在男女朋友身上時，就不會再有資源能投注給別人。換句話說，這就能把戀人定義為：「占用自己最多私人時間的對象」。平時我們可能不太會去注意，但是除了愛情之外，友情方面也有嚴格的時間資源抵換[104]。

相同地，若把時間資源投注在某項差事上，就不會有時間再投入別項差事。交期將至之前，任誰都會痛苦地感受到工作時間不夠用吧。畢竟一天只有二十四小時，這一絕對事實支配著我們整個人生。

無論是種族問題、性別問題或者是歷史問題等，當預定討論的主題範疇不同之際，一般都會認為，應該要事先查詢該問題的原委、背景、先前的討論和相關事實等。乍看之下，確實令人覺得頗有道理，然而這不僅沒有考慮到時間資源，還完全是沒建樹、毫無意義的看法。

精通正義領域中特定主題的人（一般稱為「行動主義者或某運動、維權人士

（Activist）」），幾乎會把所有時間資源都投注在相關問題上。當這類運動人士，對面臨著時間資源嚴格受限的人們說「要有正確的知識」，這句話就只是委婉的高抬自己，換句話說：「真理已為我們壟斷，什麼都不知道的傢伙給我閉嘴」。

我們每個人都為了要把有限的時間資源，分配給工作、家庭、情侶或朋友的往來、學習、興趣等人事物上，而正吃盡苦頭。當我們這種「普通人」，試圖針對政治和社會問題陳述意見時，原本就不可能事先完全理解整個複雜事件——關於此一情形，或許可從本書使用大量篇幅，以期能說明小山田圭吾、會田誠、J・K・羅琳遭到取消的原委中瞭解一二吧。

於是，便從而形成了一幅構圖：不管是右派抑或左派，擁有某主題專業知識的少數者，就占據了某種特權地位，並且排除在那之外的多數人。因此才會在社群媒體上，發生少數族群（能夠在特定問題上投注大量時間資源的人）壓迫多數族群（每日為生活奔波而無法投注時間資源於該問題的人）之類的逆向歧視。

腦袋中的話語傾巢而出

某天，音樂藝文記者約翰・多蘭走在倫敦街頭時，發現了一件奇怪的事情。當他走過咖啡館前面之際，不曉得是誰竟大喊：「看老子把妳開膛剖腹，妳這個大肚腩肥婆！」

嚇了一跳的多蘭環顧四周，只見到一個肥胖男子朝他的方向走過來。然而更奇怪的是，如果剛剛是這個男子在咆哮，周圍的人為何都若無其事。

接著是個正在慢跑的男子跑過來，又響起了罵聲：「為什麼不去工作，你這個懶惰的混蛋！」最後多蘭終於懂了，他聽到的罵人聲是自己的腦袋在說話。

此後，每當有人經過多蘭身邊時，種族主義、恐同、藐視女性等下流攻擊性的叱罵，便會在腦中響個不停。陷入混亂恐懼的他想到：只要目不見人，腦中的聲音會不會就此停止？所以他就一路掩著臉逃回家了。

其實大約四個月前，多蘭騎著自行車前往公司途中，被一輛突然倒車的汽車猛地撞倒在路上，他的安全帽甚至從正中央裂成兩半。當救護人員趕到現場時，四十五歲的多蘭竟回答說自己是二十一歲。爾後，車禍不但引發他記憶和語彙能力方面的問題，也改變了他的音樂品味。又過了幾週，他的大腦裡除了逐漸浮現充滿憎恨的思緒，還開始出現叫喊聲。

多蘭後來被診斷出，大腦前額葉皮質遭受到中度至重度的損傷。不過幸運的是，他大腦裡的聲音在兩個月之後平息，心智再度恢復正常[105]。

多蘭的奇妙體驗，並非因為大腦發生障礙而導致人格改變。近年來的腦科學研究發現，人類的大腦除了會有意識地思考某些事物，其他時間還會不眠不休地持續說話。這類的內在語言（Inner Speech）稱作「喋喋不休」（Chatter），是英語原文Chat（閒聊）的派生詞，意指「叨叨絮絮地一直說著無聊的事」[106]。

平時或許難以察覺，但我們的大腦中，總會不時盤旋著對他人的憎恨、忌妒、嫌惡、謾罵責難。控制這些負面情感的是前額葉皮質，不過多蘭遇到的情形是，因為車禍而使得該功能一時發生障礙，所以那些喋喋不休才會出現在他的大腦中。

多蘭的例子顯示了一件事，歧視和偏見並不會只存在於部分特定人士當中。我們每個人都是「歧視主義者」，然而大部分的情況是，我們會設法壓制那些喋喋不休，以免讓別人知曉。

從這一點來思考的話，大概就能瞭解為何社群媒體上，仇恨語言會四處流竄的原因了。對部分人士而言，一個能夠匿名發表任何仇恨語言的環境，同樣能達到鬆開前額葉皮質踩的煞車、解放內在語言的效果。

如何不被「偏激魔人」糾纏

社群媒體上存在著一種正義上身的「偏激魔人」，不過他們既非社會中吊車尾的一群，也不像抱持著異常信念的邪教徒。研究日本社群媒體集體攻訐炎上現象的山口真一表示，會參與炎上的那一群人，身分方面具有「男性」、「高家庭年收」、「主任和副理以上職級」等屬性。縱使他們工作忙碌、有同住的家人，但只要得了兩個小時左右的時間，就能夠發數百則貼文，所以他們不用是個「閒人」。對此，山口敘述如下[107]：

說不定多少還是有些人覺得難以置信，但我希望大家想像一下自己周圍的人。有一種上司，總是會以攻擊性的態度否定下屬，不曉得你們周圍是否存在著這種人？關於這個問題，「舉手喊有」的人恐怕不在少數吧！那一種人正是「偏激魔人」，所以他們才會在網路上也歇斯底里起來。

即使「偏激魔人」在公司裡擁有相稱的職級，但說不定因為當事人沒能獲得正面的評價，而始終忿忿不平。現實社會中，那種忌恨（Ressentiment）在一定程度上會受到壓制；可是身處社群媒體裡，壓制的煞車會自動鬆開，把喋喋不休一股腦地噴發出去。我們在網路上遇到的，就是這種對手。

倘若對手如此，大家應該立即就能明白「無論做什麼都沒有用」。現實社會中，就算我們覺得某個人是「討厭的傢伙」，但大概也不會想積極地去接近對方，改變對方的性格和思考方式吧。這麼一來的話，光只有幾行文字（況且還只有一百四十個字）是保護不了我們的（註：一百四十個字為社群軟體「X」的發文字數限制）。

自我保護的方法，無論在真實還是虛擬世界（網路）都相同。最重要的是，不要被這種「偏激魔人」纏上，所以「不批評個人」為最起碼的原則。原因在於，當那群人覺得自己遭到批評的時候，就會脫離常軌變得有攻擊性。對於始終相信自己是「被害者」兼「正義之士」的對手，我們幾乎無法可施。

可是就算這麼做，還是會有人在我們的貼文下方，寫一些討厭的留言。此時，只要無視或封鎖那群人就好。似乎某些人一直都認為：「既然被批評就一定得反擊回去！」但這卻是下下策。「偏激魔人」會把針對本身的任何反駁，最終都當作是善與惡的對抗。只要我們被貼上「惡」的標籤，即會被拖入泥沼。

還有一件重要的事情，我們向來都要以明確的態度表示，自己是站在自由開放（公正）的立場上發言。曾經有位首相祕書官前面才說過：「無論怎樣，（我）都不是會歧視別人的人。」言猶在耳，後面卻又說：「我不太喜歡有同性戀情侶當鄰居。」在這種情況下，他會遭到撤換（取消）也屬理所當然。要生存在一個自由化的社會中，能跟大家共享自由主義原則是絕對必要的素養。

「既然那麼麻煩，別玩社群媒體不就好了。」可能也會有人這麼想，而且不無道理；但就像前面提過的，在當今社群媒體時代，價值有時候和追蹤數脫離不了關係。

倘若如此，說不定可以這麼做：在能夠顯示實力的專業領域中積極發言，以累積追蹤數；其他領域的話，僅限發表一些沒有炎上風險的內容就好（例如貼貓咪照片等）。

但這種作法，說不定會被人批評：「都那麼做的話，社會就不會變好了。」不過對（包含筆者在內的）大多數人而言，人生中最重要的事情，或許是能讓自己和家人過得更豐富更幸福，而非實現社會正義吧。假使考慮到被當作取消目標時，將會帶來巨大（覆水難收）的損失；如此一來，對幾乎所有的人而言，這種作法不正是最為合理的選擇嗎？

取消文化產業

ＤＥＩ是「多元」（Diversity）、「平等」（Equity）和「共融」（Inclusion）的縮寫，美國的教育機構、企業團體、政府行政部門等均在推行ＤＥＩ，要求將「受歧視的少數族群」納入考量。現在，ＤＥＩ已經成為了「新左派的淘金熱潮」[108]。

二〇二〇年七月，《紐約郵報》刊登了一篇文章：〈聯邦盛行猥瑣「多元培訓」詐騙——甚至在川普主政時代〉[109]。據文章所述，縱使共和黨對左派（The Left）抱持著批判的態度，然而以「白人本質」（Whiteness）、「白色脆弱」（White Fragility）、「白人特權」（White Privilege）等概念為中心的「批判性種族理論」

（CRT），甚至在其政權底下，都能對聯邦政府行使著莫大的影響力。

根據《紐約郵報》記者拿到的內部舉報指出，民間的「多元化顧問公司」在財政部、聯邦準備理事會（FRB）、聯邦存款保險公司（FDIC）等政府機關開設的研習，課程前提都基於「白人其實都在助長種族主義」，並且要求政府機關的（白人）職員，投入「鬥爭來自本身的種族主義」、「透過種族議題有所成長」。

開設該研習課程的是Howard Ross這號人物，他創辦並經營一種亦可稱為「多元產業複合體」的事業。自二〇〇六年以來，Ross的公司向聯邦政府請款了五百萬美元以上的研習費。僅二〇一一年，美國聯邦總務署（GSA）就支付了三百萬美元的「顧問服務費」、NASA則為了「權力與特權之性取向研習營」支付了五十萬美元。

該記者寫道：「雖然確實有點令人不愉快，不過Ross是白人這件事至關重要。」雖然Ross取得的是歷史學士學位，但他卻自稱「神經認知與社會科學研究」方面的專家；並且從過去三十年至今，一直打著「無意識偏見」的旗號，強力推銷「披著狼皮的偽科學」。

更諷刺的是在川普主政下，Ross和他的夥伴還持續地拓展業務範圍。自川普就任總統以來，Ross的研習課程至少已在美國的司法部、國家衛生研究院、聯邦法務總長辦公室等十七個聯邦機構開設。

根據財政部的內部舉報文件，據說 Ross 在研習的最後階段指示聯邦政府職員：「希望大家要和孩子們討論種族問題」、「因為（三歲左右起）偏見會開始在大腦裡形成」。

「不難想像今後會發生什麼事情。」該記者繼續寫道：「從幼稚園到研究所，甚至更長遠的未來，多元化研討會、訓練營和相關課程等，將會無止境地延伸。對 Ross 的銀行帳戶而言，所有研習都能成為聚寶盆。」

同樣的事情也發生在「Time's Up」。這家從 #Me Too 運動中誕生，由女星瑞絲・薇斯朋等名人擔任董事的慈善團體，被爆料第一年籌得的三百六十萬美元中，在幹部薪資上就花費了一百四十萬美元。例如：CEO拿了三十四萬兩千美元、行銷長拿了二十九萬五千美元、會計負責人則拿了二十五萬五千美元。可是，撥給為了幫助性虐待受害者而成立的基金，最多卻僅有三十一萬兩千美元。

威爾・司鐸（Will Storr）在其著作《地位遊戲的心理學》（The Status Game）中，寫了這麼一段話[110]：

基督徒透過創造出地獄讓人們產生對救贖的憂心，然後再提示說自己的遊戲才是唯一能夠逃離地獄的方法。同樣的，新左派的行動人士也從根本改寫了條件，將該條件指責作偏見亦無不可。他們單只為了讓生為白人和男性變成一種罪惡的徵兆，就藉由降低條件門檻以使地獄顯現。於是，在人們產生對救助的憂心之後，這些人士再提示說自己的運動，才是唯一的救助之策。據說，為了逃離地獄的威脅，人們就只能全力賣弄自己遊戲玩得非常正確。

在一個資本主義社會裡，人們所有的活動都能在市場上買賣，「社會正義」當然也不例外。

對取消文化產業而言，掄起正義之拳去踩地雷而「被炸死（炎上）」的行動主義者愈多，對產業所提供的服務需求就愈大量湧現，財富也隨之不斷增多。行動主義者當中，大概也會出現轉型成ＤＥＩ的培訓講師或諮詢顧問之後，獲致成功的人吧。

這個世界會變成地獄，並不是因為幕後有藏鏡人在操控「陰謀」，而是有一呼百諾、被牽著鼻子走的那群人存在。

後記——歡迎光臨善惡混沌新世界

隨著社會變得更富裕、更和平、更自由開放，我們的整體生活水準亦跟著提升。不過，多數知識分子當然也已經注意到，從中衍生出了許多棘手的問題。「倘若如此，該怎麼做才好呢？」——然而，卻沒有問題的解方。

以著作《歷史之終結與最後一人》（The End of History And the Last Man）聞名的美國哲學學者法蘭西斯・福山（Francis Fukuyama），在近作《自由主義和對其的不滿》（Liberalism and Its Discontents）中，討論了一路以來支持戰後社會繁榮的自由民主，目前已陷入危機的現狀。自由主義受到三大主要政治勢力的批判與攻擊，指稱其不是自由化得不夠徹底，就是做得太過頭[111]：

(1) 自由至上主義者（Libertarian）

把自由奉為至高無上之物的自由至上主義者，追求國家統治與限制的最小化（或是撤除）、個人自由擴張的極致化。此一立場通常為人稱作「新自由主義」（Neo-liberalism）、「全球資本主義」（Global Capitalism），兩主義均尋求撤除經濟活動管制。不過，其中最極端的政治勢力「加密無政府主義」（又稱密碼學無政府主義／Crypto-anarchism），正試圖藉助加密技術（Crypto）與區塊鏈，創造一個國家和法律不能任意干預的自由世界。

而採行密碼龐克（Cypherpunk）走較溫和路線的，是主導以太坊（Ethereum／與區塊鏈相關的社會經濟平台）計畫的創業家暨程式設計師維塔利克・布特林（Vitalik Buterin）。他的去中心化和分散化的社會構想[112]，試著以演算法取代人類的多數社會活動（分散式應用程式與智能合約）。雖然布特林的嘗試令人極為感興趣，但很可惜的是，福山並沒有討論到這個部分。

(2)「社群主義者」（Communitarian）

「社群主義」（Communitarianism／又稱共同體主義）主張人類是社會性動物，無法脫離共同體獨自生存。走溫和自由派路線的社群主義代表論者是邁可・桑德爾，不過福山也能算是其中一員吧。

自由主義的敵手是較為保守的社群主義者，這群人士認為自由主義者（以及新自由主義者）摧毀了昔日（他們認知的）能包容每個人的共同體，像是家庭、教會、村莊、社會等，而疾呼要「取回傳統美好的時代」。這種帶有懷舊性質的理想主義稱為「反古烏托邦」（Retrotopia），從美國的川普支持者、英國的脫歐派到日本的右派與保守派，他們的聲勢正在全球壯大中[113]。

(3)平等主義者（Egalitarian）

「左派」（The Left）與「改革派」（Progressive），不僅重視意指社會政治平等的「平等（Egality）」，亦尋求能夠消除多數與少數族群之間的結構性歧視。兩派人士均認為，每個人的身分認同都應該受到重視，即使像微歧視之類的隱晦歧視（或者正因為是微歧視）也不可容許。

平等主義者即「（注重社會問題的）高意識系（Woke）」，在日本經常與自由主義者混為一談；對於歧視問題，他們是批判攻擊自由化得不夠徹底的取消文化主體。這之所以會成為自由主義的威脅，是因為平等主義者將「社會正義」優先置於言論與表現自由之前，並且主張「言論自由不是絕對的權利，所以不應該容忍經由捍衛現狀的抑制性勢力，行使出來的謬誤類型言論。」（出自：赫伯特・馬庫色（Herbert Marcuse），出生於德國的哲學學者是批判理論的創始人之一）。

此種限制與否定自由的立場，無論是奉自由為至高無上之物的自由至上主義者，還是注重透過科學方法（假說→實驗→分析）探求真實＝注重自由科學的溫和自由主義者，應該都無法接受吧[114]。

右派社群主義者（民粹主義者）的威權主義，長久至今已有許多相關研究；相對於此，平等主義者掀起的取消文化近年來才受到關注，因為這是個新現象。日本國內相關專業用詞的混亂也顯示出，這過去原本是自由主義派的運動，但它就像惡性細胞一樣，在不知不覺當中變化成異形，開始侵蝕攻擊自由主義。

福山認為，無論是自由至上主義者捍衛的「自由」、社群主義者追求的「社群（共同體）」、平等主義者希冀的「社會正義」，各自都有其充分的大道理。可是在日趨複雜的社會裡，一個能實現所有理想的魔法般政治體制並不存在。正因為如此，雖然每個人都心懷著不滿，但也只能在差強人意之處妥協，而這就是「寬容」與「中庸」。

總而言之，「我們現今生活的自由社會，是人類有史以來最富裕的盛世（出生在已開發國家的人或許更是如此），不要捧著無法實現的理想故意攪擾造成社會混亂，請滿足現在的自己，改善從小地方一點一滴累積起來。」這是福山給我們的建言。

讀到這裡，說不定有人會認為：「那種教條式的訓話沒人想聽啦！」不過，福山之所以刻意提出寬容等，這種看起來再平凡不過的概念，是因為至少當下這個時間點不存在有其他解方——可是，「難道我們也要寬容那些對人不寬容的人嗎？」關於這個大哉問，福山並沒有做出回應。

我們對社會可能懷有一些不滿，認為需要由正義來解決那些問題。可是，我們的正義不但與另一群人的正義不同，兩者還往往會發生正面衝突。而在一個自由化的社會當中，基本上不可以為不同正義貼上優劣標籤。

美國最高法院於二〇二三年六月，裁決哈佛大學等校將種族因素納入招生的考量是為違憲。根據裁判書公開資料，亞裔學生若想進入哈佛就讀，以滿分兩千四百分的ＳＡＴ（美國大學入學測驗）而論，亞裔生必須比白人學生多取得一百四十分、比西班牙裔學生多取得兩百七十分、比黑人學生多取得四百五十分。最高法院的結論是，這違反了現代社會公民平等原則。拜登政府的招牌政策之一，僅優待大學畢業生可免償還大部分學貸一案，最高法院後續也基於同樣的理由判斷其違法。現在這個時間點，保守派正以「自由主義」的邏輯與左派（The Left）對抗中。

來到這裡，大概就能回答這個問題：「現在已經知道世界為何會變成地獄了，那要怎麼做，才能夠脫離這座地獄呢？」這等同於「要怎麼做，才能逃出地獄去天堂呢？」之類的宗教問題。

對於這個問題，筆者的答案是：「這裡已經是天堂了。」

隨著進入現代，我們不僅掌握了能夠操控自然的技術（科學技術），還實現了人類史上難以想像的富裕和舒適。但是從我們建立的烏托邦（Utopia／能夠活出自己的自由化社會）裡，卻誕生出取消文化這種反烏托邦（Dystopia）。

假使天國（烏托邦）與地獄（反烏托邦）兩者是一體的話，那麼應該沒有方法能讓我們脫離這座「善惡混沌的新世界」。我們所能夠做的，大概只有正確理解這個世界的運作原理，並且讓自己適應良好吧。

藉由ＡＩ等指數函數方面的科技發展，可能不遠的將來，會因為某些創新（或許產生自密碼龐克）而發現突破口（Breakthrough）吧。不過在那之前，理解世界與自我調適是本書的暫定結論。

希望本書，能有助於讀者們避踩地雷，平穩地邁步在人生路上。

二〇二三年七月　橘　玲

卷末注

1. Cornelius，《關於參與二〇二〇年東京奧運暨帕運音樂製作之聲明》，二〇二一年七月十六日。
2. 片岡大右，《小山田圭吾的「霸凌」如何被後製——思考現代災害「訊息瘟疫」現象》，集英社新書。
3. 中原一步，〈小山田圭吾一百二十分鐘懺悔告白：「霸凌身心障礙者、東奧開幕音樂相關全揭露」〉，《週刊文春》，二〇二一年九月二十三日號。
4. 可是這場葬禮家家酒，是不是成為該名學生自殺的直接原因，仍尚有爭議。
5. 孤立無助的部落格，〈關於小山田圭吾的人類研究〉，二〇〇六年十一月十五日。
6. 以下內容引用自〈霸凌紀行第一回來賓小山田圭吾之卷〉，《Quick Japan》第三號（一九九五年七月發售）。
7. 以下內容引用自〈Cornelius 的血汗淚！〉（《ROCKIN'ON JAPAN》一九九四年一月號）。
8. 〈Flipper's Guitar 解散行為毫無專業精神可言〉，讀賣新聞一九九一年十一月十九日晚報。
9. 中原一步，同註釋3。

10. 片岡大右，同註釋2。

11. 山崎洋一郎，〈關於ROCKIN'ON JAPAN 一九九四年一月號訪問小山田圭吾一文〉，二〇二一年七月十八日。

12. 村上清，〈關於一九九五年撰文之「霸凌紀行」〉，二〇二一年九月十六日。

13. 《Quick Japan》第三號，同註釋6。

14. 公益財團法人日本唐氏症協會，〈關於小山田圭吾先生的報導，本會贊同全國手牽手育成會聯合會的聲明〉，二〇二一年七月十九日。

15. 全國手牽手育成會聯合會，〈關於小山田圭吾先生一系列報導之聲明〉，二〇二一年七月十九日。

16. 中原一步，同註釋3。

17. 威廉・馮・希伯（William von Hippel），《社會大躍進：人類為何愛吹牛、會說謊、喜歡聊八卦？從演化心理了解我們是誰，什麼會讓我們感到幸福快樂》，濱野大道譯，HarperCollins Japan。

18. 羅賓・鄧巴（Robin Dunbar），《朋友原來是天生的：鄧巴數字與友誼成功的七大支柱》，吉嶺英美譯，青土社。

19. 史蒂芬・平克（Steven Pinker），《人性中的良善天使：暴力如何從我們的世界中逐漸消失》，幾島幸子、塩原通緒譯，青土社。
20. 瀧浦真人，《禮貌入門》，研究社。
21. 椎名美智，《「させていただく」的使用方法：日語和敬語的未來》，角川新書。
22. 瀧浦真人，同註釋20。
23. 羅賓・鄧巴（Robin Dunbar），同註釋18。
24. 瀧浦真人，同註釋20。
25. 藤井毅，《歷史中的種姓制度——近代印度的「自畫像」》，岩波書店。
26. 大衛・賴克（David Reich），《我們源自何方？：古代DNA革命解構人類的起源與未來》，日向彌生譯，NHK出版。
27. Bertrand Jordan，《種族不存在：種族問題與遺傳學》，山本敏充監修、林昌宏譯，中央公論新社。
28. 〈關於「障害」用詞表達之討論結果〉，障害者制度改革推進會議第二十六回（二〇一〇年十一月二十二日）。
29. 森田洋司、進藤雄三編著，《醫療化的政治——論近代醫療思維》，學文社。

30. 阿馬蒂亞・森（Amartya Sen），《重新檢視不平等：潛能與自由》，池本幸生、野上裕生、佐藤仁譯，岩波現代文庫。
31. 詳細內容，請參閱作者橋玲的《80's｜Eighties——某個八〇年代的故事》（幻冬舍文庫）。糾責歧視語者們的邏輯基礎，請參閱小林建治的著作《部落解放同盟「糾彈」史：媒體與歧視用語》（筑摩新書）。
32. 「色情被害暨性暴力救援會」（ポルノ被害と性暴力を考える会），〈致森美術館抗議聲明〉，二〇一三年一月二十五日。
33. 森美術館編，《會田誠：生為天才，我很抱歉》，青幻舍。
34. 森美術館館長　南條史生，〈森美術館之回覆〉，二〇一三年二月五日。
35. 〈聯合國婦女署抗議《週一的波濤胸湧》全版廣告——該署日本事務所所長提醒：「請注意外界眼光」〉，《赫芬頓郵報》（The Huffington Post），二〇二二年四月十五日。
36. 請參閱《美術手帖》緊急特集《何謂表現自由？》（二〇二〇年四月號）收錄的〈訪問 Brett Bailey：在後殖民世界裡的戰鬥方法〉等文。
37. 會田誠，《性與藝術》，幻冬舍。

38. 宮本節子，〈抗議《會田誠：生為天才，我很抱歉》個展與要求撤除「犬」系列展覽〉。

39. 會田誠，《藝祭》，文藝春秋。

40. 愛德華・薩依德（Edward W. Said），《東方主義》，今澤紀子譯，平凡社 Library 叢書。

41. 琳達・波爾曼（Linda Polman），《輸送危機：衝突地區人道援助的真相》，大平剛譯，東洋經濟新報社。

42. 臺宏士、井澤宏明，《「表現不自由展」中到底發生了什麼事？》，綠風出版。

43. 臺宏士、井澤宏明，同註釋42。

44. Michael Marmot，《地位症候群：話說社會不平等這種病》，鏡森定信、橋本英樹譯，日本評論社。

45. 安・凱思（Anne Case）、安格斯・迪頓（Angus Deaton），《絕望死與資本主義的未來》，松本裕譯，Misuzu 書房。

46. 〈在日本與韓國擔任管理職和專業職的男性死亡率偏高：以日本、韓國、歐洲八國為研究對象究明原因之國際聯合研究〉，田中宏和、李廷秀、小林廉毅、約翰・麥肯巴赫（Johan P. Mackenbach）等，二〇一九年，東京大學新聞稿。

47. 〈為何日本與韓國的管理階層會短命？！東京大學研究發現日韓的死亡率比歐洲高的原因〉，J-CAST 新聞，二〇一九年六月八日。

48. Cameron Anderson、John Angus D Hildreth、Laura Howland，〈追求地位是人類與生俱來的動機嗎？實證文獻回顧〉，心理學期刊《Psychological Bulletin》，二〇一五年。

49. 法蘭斯・德瓦爾（Frans de Waal），《猿形畢露：從猩猩看人類的權力、暴力、愛與性》，藤井留美譯，早川書房。

50. Kipling D. Williams、Blair Jarvis，〈電子球：用於研究人際關係的排擠與接納之程式〉，行為研究方法，（二〇一六年）。

51. 丹尼爾・李伯曼（Daniel E. Lieberman），《天生不愛動：自然史和演化如何破除現代人關於運動與健康的十二個迷思》，中里京子譯，早川書房。

52. Donna Jackson Nakazawa，《大腦中的天使與刺客：支配心理健康的免疫細胞》，夏野徹也譯，白揚社。

53. 威爾・司鐸（Will Storr），《地位遊戲的心理學：為何人要踩著別人的頭往上爬呢？》，風早さとみ 譯，原書房。

54. 威爾・司鐸（Will Storr），同註釋53。

55. 賽門・麥卡錫-瓊斯（Simon McCarthy-Jones），《惡意如何帶來正義？：被誤解的第四種行為，從心理學、腦科學重新解讀人性黑暗面的成因，及翻轉個人與社會的力量》，Presi 南日子譯，Intershift。
56. 宇都宮直子，《男公關狂粉：今天女人們也在歌舞伎町的夢幻島跳舞》，小學館新書。
57. 亞莉・霍希爾德（Arlie Russell Hochschild），《家鄉裡的異鄉人：美國右派的憤怒與哀愁》，布施由紀子譯，岩波書店。
58. 《二〇二二年有效勞動統計：勞動力統計加工指標集》，獨立行政法人勞動政策研究暨研修機構。
59. Peter Turchin，〈社會的不穩定肇始於高學歷者過度增多〉，《COURRiER JAPON》，二〇二二年八月一日。
60. Jory Fleming、Lyric Winik，《何謂「普通」：一位自閉症患者寫給你我的生命指南》，上杉隼人譯，文藝春秋。
61. 羅賓・鄧巴（Robin Dunbar），同註釋 18。
62. 莫費特（Mark W. Moffett），《人們為何互相憎恨：「群體」生物學》，小野木明惠譯，早川書房。

63. Ronald F. Inglehart，《文化的演化論：人們的價值觀與行動能改寫世界》，山崎聖子譯，勁草書房。

64. Frances Aboud，《孩童與偏見》（Children & Prejudice），栗原孝他譯，Harvest-sha。

65. 周燕飛，《貧窮的全職家庭主婦》，新潮選書。

66. 朴研美（Yeonmi Park），《為了活下去：脫北女孩朴研美》，滿園真木譯，辰巳出版。

67. 福田ますみ，《政治正確的真面目：「尊種多元」、「文字狩獵」的未來裡有些什麼》，方丈社。

68. 北韓脫北者進入常春藤大學聯盟就讀後表示：「即使北韓也沒有這麼瘋狂。」，福斯新聞（Fox News），二〇二一年六月十四日。

69. 「我是個脫北者，這段談話是對川普總統說的。」，紐約時報，二〇一八年六月十一日。

70. 〈檢察官表示：警方利用計程車付款紀錄追蹤搶匪梅格．邁爾〉，CWB Chicago 新聞，二〇二〇年八月二十三日。

71. 尼古拉斯．克里斯塔基斯（Nicholas Christakis），《藍圖：一部構築「美好未來」的演化論與人類史》，鬼澤忍、塩原通緒譯，Newspix。

72. 道格拉斯・莫瑞（Douglas Murray），《群眾瘋狂：性別、種族與身分，二十一世紀最歧異的議題》，山田美明譯，德間書店。

73. 葛瑞格・路加諾夫（Greg Lukianoff）、強納森・海德特（Jonathan Haidt），《為什麼我們製造出玻璃心世代？：本世紀最大規模心理危機，看美國高等教育的「安全文化」如何讓下一代變得脆弱、反智、反民主》，西川由紀子譯，草思社。

74. 葛瑞格・路加諾夫（Greg Lukianoff）、強納森・海德特（Jonathan Haidt），同註釋73。

75. 前嶋和弘，《取消文化：美國是個互損的社會》，小學館。

76. 羅蘋・狄安吉羅（Robin DiAngelo），《白色脆弱：為何白人難以啟齒談論種族歧視》，貴堂嘉之監譯、上田勢子譯，明石書店。

77. 羅蘋・狄安吉羅（Robin DiAngelo），《善意的種族主義：身為自由主義者的你為何歧視別人？》，甘糟智子譯，明石書店。

78. 羅蘋・狄安吉羅（Robin DiAngelo），同註解77。

79. 史蒂芬・平克（Steven Pinker），同註釋19。

80. 羅蘋・狄安吉羅（Robin DiAngelo），同註釋76。

81. 隋文（Derald Wing Sue），《隱藏在日常生活中的微歧視：針對種族、性別、性取向之少數族群的無意識歧視》，微歧視研究會譯，明石書店。

82. Patricia Hill Collins、Sirma Bilge，《交織性》，小原理乃譯、下地 Lawrence 吉孝監譯，人文書院。

83. 海倫・普魯克羅斯（Helen Pluckrose）、詹姆斯・林賽（James Lindsay）、彼得・博格西安（Peter Boghossian），〈學術申訴研究與學術墮落〉，Areo Magazine，（二〇一八年十月二日）。

84. Helen Wilson，〈人類的反應：針對奧勒岡州特蘭市內狗公園中的強暴文化和酷兒操演性〉，《性別、地區與文化》（Gender, Place & Culture），二〇一八年，（撤回）。

85. 海倫・普魯克羅斯（Helen Pluckrose）、詹姆斯・林賽（James Lindsay），《永遠正確的「社會正義」：一場關於種族、性別、身份認同的騙局》，山形浩生、森本正史譯，早川書房。

86. 道格拉斯・莫瑞（Douglas Murray），同註釋72。

87. 愛麗絲・德雷格（Alice Dreger），《伽利略的中指：當科學研究與政治產生衝突之際》，鈴木光太郎譯，Misuzu 書房。

88. 橘玲，《為什麼女人和男人不能互相理解？》，文春新書。

89. Jesse Bering，《每個「性倒錯者」都有自己的祕密性變態》，鈴木光太郎譯，化學同人。
90. 岡部鈴，《總務部長是跨性別者（作為一位父親和一個女人）》，文藝春秋。
91. 邁克爾・貝利（J. Michael Bailey），《將成為女王的男人：性別扭曲與變性慾症的科學》，約瑟夫・亨利出版社，二〇〇三年。
92. 愛麗絲・德雷格（Alice Dreger），同註釋87。
93. 愛麗絲・德雷格（Alice Dreger），同註釋87。
94. 珍妮絲・雷蒙德（Janice Raymond），《變性帝國：女漢子的形成》，Beacon Press，一九七九年。
95. 愛麗絲・德雷格（Alice Dreger），同註釋87。
96. 〈J．K．羅琳撰文道出她在性與性別議題上大聲疾呼的原因〉，二〇二〇年六月十日。
97. Shon Faye，《爭論跨性別問題是為了正義》，高井ゆと里譯，明石書店。
98. 保羅・布倫（Paul Bloom），《正義寶寶：由嬰兒來告訴我們善惡的起源》，竹田圓譯，NTT出版。
99. 亞莉・霍希爾德（Arlie Russell Hochschild），同註釋57。

100. 羅蘋・狄安吉羅（Robin DiAngelo），同註釋76。
101. 珍妮佛・艾柏哈特（Jennifer Eberhardt），《偏見的力量：破解內隱偏見，消弭歧視心態》，山岡希美譯，明石書店。
102. 邁可・桑德爾（Michael Sandel），《正義：一場思辨之旅》，鬼澤忍譯，早川NF文庫。
103. 林志弦（Jie-Hyun Lim），《犧牲者意識民族主義：跨越國境的「記憶」戰爭》，澤田克己譯，東洋經濟新報社。
104. 橘玲，《最高CP值的人生設計課：關鍵時刻把遺憾最小化，只付出百分之二十努力，也能獲得最理想的生活》，DIAMOND社。
105. Matthew Williams，《憎惡的科學：當偏見變成暴力之際》，中里京子譯，河出書房新社。
106. 伊森・克洛斯（Ethan Kross）《強大內心的自我對話習慣：緊張下維持專注，混亂中清楚思考，身陷困難不被負面情緒拖垮，任何時刻都發揮高水準表現》，鬼澤忍譯，東洋經濟新報社。

107. 山口真一，《正義上身「偏激魔人」的真面目》，光文社新書。
108. 威爾．司鐸（Will Storr），同註釋53。
109. 克里斯托弗．魯弗（Christopher F. Rufo），〈聯邦盛行猥瑣「多元培訓」詐騙——甚至在川普主政時代〉，《紐約郵報》（New York Post），二〇二〇年七月十六日。
110. 威爾．司鐸（Will Storr），同註釋53。
111. 法蘭西斯．福山（Francis Fukuyama），《自由主義和對其的不滿》，會田弘繼譯，新潮社。
112. 維塔利克．布特林（Vitalik Buterin）、Nathan Schneider，《以太思維：V神首本親筆著作》，高橋聰譯，日經ＢＰ。
113. 齊格蒙．包曼（Zygmunt Bauman），《重返烏托邦》，伊藤茂譯，青土社。
114. 強納森．勞赫（Jonathan Rauch），《表現自由的威脅》，飯坂良明譯，角川選書。

被出征的世界

炎上、正義魔人、群眾狂熱、取消文化，看「社會正義」如何顛覆我們的世界！

作　者　橘 玲
譯　者　丁于文
發行人　林敬彬
主　編　楊安瑜
編　輯　林佳伶
封面設計　高郁雯
內頁編排　方皓承
行銷經理　林子揚
行銷企劃　徐巧靜
編輯協力　陳于雯、高家宏
出　版　大旗出版社
發　行　大都會文化事業有限公司
11051台北市信義區基隆路一段432號4樓之9
讀者服務專線：(02)27235216
讀者服務傳真：(02)27235220
電子郵件信箱：metro@ms21.hinet.net
網　址：www.metrobook.com.tw
郵政劃撥　14050529 大都會文化事業有限公司
出版日期　2025年06月 初版一刷
定　價　400元
ISBN　978-626-7284-88-9
書　號　B250601

Banner Publishing, a division of Metropolitan Culture Enterprise Co., Ltd.
4F-9, Double Hero Bldg., 432, Keelung Rd., Sec. 1, Taipei 11051, Taiwan
Tel: +886-2-2723-5216　Fax: +886-2-2723-5220
Web-site: www.metrobook.com.tw　E-mail: metro@ms21.hinet.net
SEKAI WA NAZE JIGOKU NI NARU NOKA by Akira TACHIBANA

國家圖書館出版品預行編目（CIP）資料

被出征的世界/ 橘玲 著；丁于文 譯-- 臺北市：大旗出版社出版：大都會文化事業有限公司發行, 2025.06 ；256面；14.8×21公分. (B250601)
譯自：世界はなぜ地獄になるのか
ISBN 978-626-7284-88-9(平裝)

1.社會正義 2.社會議題

540.21　　114000556